尋索：藝術与人生

印度、喀什米尔、尼泊尔、土耳其、愛琴海

葉維廉

滄海叢刊

東大圖書公司印行

給与我作藝術与人生尋夢
多年的伴侶 慈美

目次

印度卷（含喀什米爾、尼泊爾）

愛琴海卷

愛琴海扎記

印度卷

（含喀什米尔、尼泊尔）

1

污染的白蓮·印度之旅序曲

1

它動著，
它不動；
它遙遠玄古，
它親近切膚；
它在一切之內，
它在一切之外。

2

他不會殺一頭牛，但他可以看著成千成萬囚中的人類在他眼前枯萎。——羅斯坦支

「另外有一個印度：它的顯現是殘酷與野蠻的爆發，永恆的不平與鐵石心腸，永遠引至困惑、羞

辱與憂愁的大公開……。印度獨特的個性，它的保守，它的龐雜，它的被動性，它的無明，它幾乎是御准的偏見與鬨鬥，使得它排拒現實環境改進的可能。那些對現代國家建立者的理想作不斷嘲弄的不平等是如此的普遍、如此的根深柢固，似乎完全無法改變，幾乎是太醜陋，不忍去面對。不錯，印度不是沒有關心與憐憫，不是沒有對可憎的事件作誠懇的憤怒，不是對改革沒有急切之心。但這是不夠的。思想把不住，剪不斷，理還亂。憤怒煙消雲散了。人們聳聳肩而他往。漠視的『犀牛皮』越來越厚了。」

特里佛・菲殊洛（Trevor Fishlock）這段話或類似的報告以前不是沒有聽過。印度果眞完全如此嗎？奈都夫人詩中的印度呢？泰戈爾詩歌中的印度呢？自從五四介紹泰戈爾以來，通過冰心，通過徐志摩，通過糜文開，誰的腦中沒有一些神秘的「美好」的形象？

脂紅的曙色裏，妳青春的笑著走來
披著白袍，新浴在陽光
妳的臉閃亮如盛開的花朶
在我的破曉裏，妳領我
到花園裏採擷賽法莉花
妳誘我
遠離學童的職守
把書本拋掉
把粉筆奪去
把我從學校的囚房裏釋放
引我，穿過秘密的巷道
來到屋中的一角
秘室中孤寂的地方
天底一個空的屋頂下
以妳多樣的故事
戲我，隱我
像夢一樣迷人
像夢一樣意義模糊

眞與假只有妳知道
妳耳畔搖著一對珍珠
雙手戴著兩個金鐲
頰上鬢雲輕拂
妳雙眸躍出
透明溪中碎散的閃光……

——Manas Sundari

此外，瘂弦也曾以詩美化印度大靈魂馬額馬甘地心中的國度——

馬額馬，讓他們像小白樺一般的長大
在他們美麗的眼睫下放上很多春天
給他們櫻草花，使他們嗅到鬱鬱的泥香
落下柿子自那柿子樹
落下蘋果自那蘋果樹
一如從你心中落下眾多的祝福
讓他們在吠陀經上找到馬額馬啊
…………………
楊柳們流了很多汁液，果子們亦已成熟
讓他們感覺到愛情，那小小的苦痛
馬額馬啊，以你的歌作姑娘們花嫁的面幕
藏起一對美麗的青杏，在綴滿金銀花的髮髻
並且圍起野火，誦經，行七步禮
當夜晚以檳榔塗她們的雙唇
鳳仙花汁擦紅她們的足趾
以雪色乳汁沐浴她們花一般的身體……

我們下意識裏，也許像我們的旅伴瘂弦一樣，要在傳聞的「醜陋」之外，追尋這些花一般的清涼與芬芳——「那天，當女子進入愛索湖的水中，清泉就這樣流溢過全世界」。

3

「讓他們在吠陀經上找到馬額馬」。我們十三人，卻想在印度教、佛教、蒙兀兒王朝留下來的輝煌雄奇的建築等雕刻中找到吠陀、釋迦，與可蘭；奧利沙省（Orissa）的光華，如山形突起的靈珈喇剎（Lingaraj），沙原上羲和駕車凌空躍升的太陽廟；愛羅拉石窟群（Ellora Caves）石破天驚尖塔攀雲的凱拉撒（Kailasa Temple）；挑起我們對敦煌洶湧的嚮往的愛眞德廟與壁畫(Ajanta Caves)；或如野原上天方夜譚式神奇地升起的「紅粉宮城」寨埔（Jaipur）；如那愛濃若深井、情傷賽寒鋒在陽光下白晶晶的泰姬・瑪哈陵墓（Taj Mahal）；在嘉齊靈合（Khajuraho）神廟上亮麗如黃銅一響的「美舒娜」（Methuna，性的靈合）從古代的生活裏活潑潑的躍出；鹿野院彷彿釋迦仍在拈花的講臺紀念塔和法顯、玄奘彷彿仍在穿行寺院的遺址……讓我們在這些藝術的留痕裏感受一點古代宗教神奇原創力的激盪。由是，我們風塵僕僕，減眠縮食去和時間追逐。

4

在印度，據說，宗教仍然是每日每分鐘在發生的事。我們說的，不是普里（Puri）那種動用了上千人去分工分職爲神穿衣、洗臉、擦牙、化裝、遊行的節慶（Rath Yatra Festival）。每日每分鐘都在發生的，包括一些合掌，一些簡短的祭儀，日日的進出，日日的演出，似乎猶甚普遍。他們說。也許我們可以在這些日常的生活裏印認到一些宗教與藝術、宗教藝術與生活取向的一線通道？

我們要印認的也不是印度的「苦儒」們（Gurus，信仰精神的指導者）向物質文明破產下一些與生活脫臼的西方人出售神秘經驗的「宗教企業」；我們想追索的是構成古印度一股既是「文質彬彬」復是「野蠻殘暴」的宗教思想與哲學。

古印度的宗教，包括根源古遠的 Tantric 的成分（崇信兩性的交合可以通靈的一種信仰），彷彿永遠在蒼茫的神秘裏。其迷人，其隱秘，很多已不復爲現代人所完全了解。猶記得，六十年代的西方，不知有多少人爲伊瘋狂。他(她)們自稱是西方物質文明的受害者，其中有不少是醫生、工程師、律師、女子、學生，成千成百，從美國、從西德擁向古國印度，追尋精神的解脫，求「苦儒」的「明燈」引路。他們棄家棄業，把一切牽掛剔除，來到新德里，如癡如醉地在「苦儒」魔咒出神的唸詞下，彷彿靈魂已經脫殼，彷彿已經把自我逐盡把眞我復得！把迷糊中赤身相接視作古代的「美舒那」！當這些西方的信徒一貧如洗欲求得道，那彷若神人巨大身影的「苦儒」則被幾部豪華的勞斯萊斯載著向國外的失落者兜售他的神秘主義！

這種變質宗教酵素當然不是我們想要印認的。但印度人的日常生活裏，譬如對於牛無上的崇敬，譬如出自婆羅門教和佛教之一的耆那教（Jainism）之不吃球莖植物（怕騷擾了土中的蟲類）……都有一種不可解中的迷人。

5

是人與自然持護著一種怎樣的關係與認同，使印度人對動物界、植物界產生如此獨特的情感？又是其間怎樣一種思想和情感的激盪，使到他們古代的寺院廟堂如此充溢著想像豐富形色飛揚變化多端的雕刻，在他們的生活裏如此充溢著繽彩亮麗精細穿梳的色彩和舞蹈？

是的，建築、雕刻、織錦以外我們還要穿過印度一些林木、田野、沙漠、平原。穿過芒果林、椰子樹肥沃蔥鬱的東南方，穿過一片玉米、棉花、甘蔗、小麥的網狀溪原，穿過赤熱乾旱的沙漠，去追踪是什麼自然的運作激起古代信仰者的想像活動？

6

這一次印度之旅，在傳聞中的「貧窮」與「醜陋」

▲作者和同行者在日出山（2002 年前建）岩廟留影；左起漢寶德、馬浩、莊喆、作者、瘂弦、蕭中行、何懷碩、董陽孜、橋橋、慈美、高信疆、柯元馨。

之外，也許我們可以在這些事物中找到一點揭開玄古印度神秘的火光？通過建築家漢寶德對宗教建築銳利的旁白，藝家家莊喆、馬浩、何懷碩、董陽孜對造型、顏色的反應，慈美藝術史的一些提示，詩人瘂弦和高上秦對人間條件各種「情境」的攝取，和原是唸雕塑出身的領隊葉明坤重點的引導，我們也許可以對我們了解猶甚缺乏的印度，提供一個初步的印認？

7

「不要比較……這是了解印度之匙，生命整體的接受：它的豐富，好的，壞的一同接受。」甘地夫人曾經如此催促著一般訪客。古蒙仁在他的「天竺之旅」一書中，也說了一句我很有同感的話：我們不知應該採取怎樣一個角度去描寫印度好。對我和慈美來說，我們很高興來了。印度給我們的是一種衝擊性的啟示，是對人間的條件不得不重新再衡量重新再思考的機會。到目前爲止，我覺得我還只能够訴諸直覺，而無法以思路清明的方式來書寫印度。印度仍是深谷中的迷霧，迷人、神秘、困惑，令人傷愁。印度之不易解，當然和它擁抱了一千六百五十二種種族和語言有關；但在他們共有的以印度教爲主的信仰中，我們是不是可以通過某些人際維繫的網規，如種性階級（Caste system），如「不爲今生爲來世」的信仰，解釋一些使我震驚的現象呢？

「不知用什麼角度去描寫印度好」的意思是：當我用「震驚」來描述所見貧窮雜亂的印象時，我彷彿已經採取了大沙文主義的態度去看，這顯然是不應該的。用「同情」嗎？「同情」仍脫離不了大沙文主義。「用壓迫者和被壓迫者」那種公式嗎？太機械化太簡化了。事實上也無法解釋成千成萬無奈的眼神。我想我就訴諸我帶著另一個文化（現代中國文化）而來的直覺來記下一些印象和它引起而未解的疑問吧。

所謂貧窮，所謂髒亂，每一個國家的標準與想像都不一樣。在印度幾個大城及一些村鎮給「我們」的印象，是一般人沒有親眼看見而無法想像的。

所謂房子，是泥或竹片或樹葉粗糙搭成，一個人高，七八平方尺大，如玩具屋，泥黑發霉的牆壁，破污的布幕，似乎都已經住了好幾代而未洗擦，生老病死和性，什麼都在這八尺空間之內，前面爛泥臭水似乎都視而不見，旁邊常見倒睡著一個蜷縮的人，（還是已經死了？）任人力車牛羣經過濺射而不覺。

這些房子算是貧民區較好的，大部分商店你擠我擁地相連著的也是一樣大小，只是多一些廣告顏彩而已。但沒有房子住的人，有不少找到一條廢棄的水管便一生彎身住在裏面。在加爾各答和孟買，則有更多的「臨時」搭建的帳篷（也都是破爛不堪經年未換的）和樹葉樹枝的巢居，聚集如一大片「茅屋的屍體」，裏面望出來成千成萬雙向天的空眼睛。更多的是在街上，地上，樓梯上，樹下躺著，

▲在加爾各答，在孟買，在梵蘭那斯，有相當多的「臨時」搭建的帳篷和樹枝樹葉的巢居，聚集如一大片「茅屋的屍體」，裏面望出來成千成萬向天的空眼睛。

也是不知是生是死，如胎兒那樣在一團污布裏蜷著。

在凹凸不平漫天黑塵的路上，在傷痕纍纍，大吼大叫，滿載得半傾斜的巴士噴出的濃煙裏，混雜著強烈的臭味，牛（糞隨街可見的）、人糞（隨街公然留下的）、牛尿、人尿（隨街隨時可見的），和積澱了好幾個世紀似的水溝的腐爛味、化學顏料味，大溪小溪地流著，流到小巷裏，流入小河中，流入池塘裏，在那裏牛和男男女女在那裏晨浴。

惡臭最烈是孟買灣，從飛機場入城主道有十分鐘，簡直不能呼吸。而在這惡臭裏麕集上成萬的永久性的臨時搭建與居民。

在路上走，有一千隻手伸出來向你討一個盧比；在普里，在寨埔，和不少城市有成羣的痳瘋病人向你圍擁。同情我們不但有，而且是心中出血的同情；但我們能做什麼呢？而「同情」二字還換來「大沙文主義者」的惡名。我們沮喪、欲哭、傷痛、無奈。

當地的導遊一再警告我們：不要幫忙他們，幫忙他們便是害了他們。意思是說，他們生性如此。是生性如此嗎？如果是，又是什麼的思想，什麼權力架構所創造的思想與神話把他們「卡死」了？（Caste，種性階級，印度分成四個階級，生下來便改變不了，不可以上進而改，不可以互婚而改。）

如果他們認命而不求生，認命而不知髒爲髒，不知生命近似貓狗牛羊，是什麼殘酷的神話使他們如此？這些都是我在印度二十天來心中無法平息的未解的疑問。

在肥沃的椰林裏，在肥沃的網狀溪原上，看著豐富的物產，想著詩人們對於「美好」的讚詞，我

▲滿街滿屋頂滿牆壁的牛糞餅，由《大唐西域記》至今仍是重要燃料之一。作者與詩人瘂弦在鹿野院。

心中無法撥去那句：爲什麼？純是權力架構構成的貧富不均呢？還是滲雜著宗教人生的態度在裏面？

在輝煌雄偉的建築與雕刻之前，我心中無法撥去那句：爲什麼？那神奇的古代的原創力如今何在？印度的神奇與光輝只在蒼茫的過去嗎？我不能相信。

印度的國徽是一朶白蓮花。現在看來，自然與農田，彷彿是蓮葉，碧綠茂盛如昔。我們未解的印度精神彷彿是花蕊，猶待我們去探尋。而赫然在目的白蓮的花瓣，現在彷彿正受著蟲蛀而污爛。至於那些蟲，是來自權力架構還是來自人的無可奈何呢？則是我不敢去問的。

最深沈的一瞥

1

彷彿是密密麻麻的、倒翻的豆子陷落在溼黑的泥巴中，空茫無奈的豆眼翻起，向著塵垢的深紅的太陽。接二連三被別的交通活動逼離街心的顛簸的車輪滾過爛泥，繼次地把泥濘濺射，把一些沒有移動自覺與能力的豆子埋葬。然後，再來一部車子，或是漫無目的的牛羣，或是步履沈重的象，一壓一踩一踢，那些豆子，在無人注意中，消失在永劫裏。

彷彿是一池死水裏，在一些破銅爛鐵髒菜殘羹帶著檳榔的血紅和種種積漬泄排的死水裏，在一堆橫叉直錯的枯荷間，爭相攀生派生著紫黑的新葉，為了一種不知名的「美」！

「朋友，讓我來帶你們穿行，穿行孟加拉令人傷痛的城市，永恆失落的天堂……」

聽著這些色澤黯然的語字，扶著那永久顫抖的車欄，不遠的外面，在沒有光線的白日裏，那一排張著嘴黑岩似的泥屋、竹屋、葉屋、帳篷、巢洞——它們在呻吟著什麼呢?尖叫，如強弩之末，彷佛都在旋風的外圈裏沈滅。

在那不易看見的漩渦裏，一圈圈輪廻的火，像龐大無朋的蓮葉，向著一個蟲蛀的母親的子宮圍擁。一陣火光，眼睛便如熊熊的炭火，被神踏著走過。

也許是我們失去了太多太多睡眠的緣故。窗外解不開繩索的車輛與人影，為什麼像轟轟然震耳欲聾的雷鳴?為什麼他們的移行，幢幢然厚密如森林中的羣樹?是什麼光影使得他們實如復虛、虛而復實、既欲衝刺、復又游離不定?是這麼多，這麼濃密，這麼糾纏，我們竟然沒有看見幢影中忽然開啟出來的一組花朵，自一片陽光的草地飄過來——一羣眉目清新臉帶光采的少女!是這麼多，這麼濃密，這麼糾纏著被惡夢蝕裂的臉，這麼多如樹瘤抓住樹幹的乾癟而殘缺不全的手，為什麼死亡沒有給與他們仁慈的臨幸?

「朋友，讓我們一同馳過這洶湧的氾濫……」

依著這些色澤黯然的語字，扶著那行將折斷的欄干:街的兩旁，蜷縮著，殭直著，堆疊著，散落著一團團、一條條、一把把疾病、失望、無望、絕望。滋生著腥臭、活生生的腐死!在一波浪一波浪的暗影裏，我們頭昏、目眩、憤怒、痛恨、厭惡、憐惜、傷心!啊，這一個急急衝出羅網而來的影子，不就是你我的兄弟嗎?他乾枯如日曬雨洗後的枝幹，為什麼還爬滿了黃蜂和流蟻?啊，把門打開!把門打開!讓他進來，讓他在冷熱同時相煎的永恆的大河裏，找到一刻的生，一刻人的生!我的話沒有人聽見，我的呼喊沉沒在漩渦裏……

2

一個過客。加爾各答只一個上午。普里(Puri)只一個半小時。孟買只一個黃昏一個凌晨。新德里只一個半天。一個過客是無法對一個地方有深刻的認識的。但當那短暫的一瞥是如此地使你束手無策把你抓住，把你足不著地那樣毫無防備地捲入一個經驗黑洞的中央，它給你的撞擊，並不弱於吉卜寧和邱吉爾的感嘆。吉卜寧說：在那裏，你將無法找到恥辱與墮敗更大的形容詞。邱吉爾說：我很高興現在看到，因爲以後再不要看到它了。這都是帶著同情的無奈而傷心的話。我說過：同情我們不但有，而且是心中出血的同情；但我們能做什麼呢？我們沮喪、欲哭、傷痛、無奈。

但化無奈的傷痛爲力量也不是不可能的，如德麗莎修女（Mother Theresa）的醫院。她，一個入籍印度的女兒，和她的同伴，默默地把一些垂死的人們從街上網曳回來，給他們簡單的床，給他們一點安慰，讓他們聽到「人」的聲音，讓他們觸摸到「人」的手，給他們在乾淨與尊嚴中死去……。

更重要的是：我們能不能夠讓鎭守在黑色漩渦外面、在陽光的霧中仙境似的衙門，也像我們一樣震驚？這，也許只是一個理想主義者的夢囈吧。

3

古代的印度是神秘的。現代的印度是謎樣的。就是到處可見、什麼場合都在的占星家，也無法理出印度遺產中的迷宮與虛幻。印度充滿著赤裸裸的矛盾：高矗的尖塔配搭著無底的沉淵。

「一九四七年八月當印度宣布獨立那一刻中，連新生的嬰兒在內，人口是三萬萬五千萬。今天是這個數字的兩倍以上……，印度有一萬萬七千六百萬頭牛，是全世界『牛口』的四分之一強，但在很多地方，爲一頭牛找醫生比爲一個孩子找醫生容易。」

「眞正的印度不是泰姬．瑪哈陵，不是大象，不是在牛拉的犁後面的耐性的農夫，而是一海的臉孔……。印度人是觸覺的民族，腿挨著腿而生存，推來推去，互相磨擦，手拉手，互相擁抱，聞著大家的呼息，聞著大家鍋中的沸騰。他們學會了如何

▲他們不會殺一頭牛，因爲牛是神聖的。
但他們可以看著成千成萬國中的人類在他們眼前枯萎。
印度有一萬萬七千六百萬頭牛，
是全世界《牛口》的四分之一強，但很多地方，
爲一頭牛找醫生比爲一個孩子找醫生容易。

▲印度人是觸覺的民族，推來推去，他們學會了如何去擠，如何去吸一口《社團》的氣息（加爾各答街上）

去擠，如何去吸一口『社團』的氣息，在空隙一線中再容納一個同胞，雖然他只能用指甲抓緊扶手半吊著，雖然他只能坐半個屁股。他們學會了把街道、屋宇、車輛的邊緣儘量伸張。」

「人的重量把安全法則、危險感完全剷去。由骨瘦如烤麵包架的馬拉著的兩輪車上堆疊著高高的人和搖擺的嬰兒。自行車帶三個人是常見的現象。機車常由父親做車長，大兒子站在前面，母親斜坐在後面，女兒掛在她腰間，嬰兒在她膝上……，公共汽車都是沙甸式，老闆如冷血的霸主把奴隸塞滿一船。在車站，一個青年被從車窗口擠牙膏那樣擠出來……，上不了車的人危危然吊掛在車外，也許掉拖在地下，也許由別的公車從旁掃走。當公車掉到河裏或運河裏（這種事常發生），大呼大叫的乘客因爲塞得太緊了都無法脫身。報紙登出他們死的狀態，和他們活著的時候一樣脣齒相依……。從最開始印度人就喜坐滿在火車車廂頂上，哭哭啼啼的新娘，吞吐著煤煙與煤屑。一九八一年有一部火車掉到河裏去，屍體像木材一樣被沖走；但一共死了多少人，則無法估計，因爲每個車廂頂上擠了多少人完全不知道。」

據說，出了車禍，人躺在路上，警察來了，就請大家把死者移到荒野無人的地方，任禿鳥啄食。沒有什麼驚慌，沒有什麼嘆息。

「憲法裏面說印度人有平等、自由、公正等高貴權利，但統治者少有兌現這些諾言。」

「過去，印度教信徒不敢渡海，說海是黑水，渡海後便失去他的種姓階級（Caste)。甘地大膽地違反這個禁忌而到英國留學，因此被他的種姓階級所鄙棄。」

「印度的種族洋洋大觀……，政府承認十五種主要語言；事實上一共有一千六百五十二種……。英文是唯一共通的語言，但一百個人中只有兩人會說英語而已。」

「種姓階級和宗教像齒輪那樣互相磨扣，而對印度人生活的影響卻不是很容易了解的。三千年來一直是一種扣得緊緊的壓力。對大多人來說，種姓階級是一個重要的指標，在社會上名分位置的決定元素，有一大套禮與法，決定職業方向、政治黨派、結婚對象、飲食方式和其他階級應有的態度。禁忌通婚，據說是要保持血族不受污染！」

「種姓階級的黑色面便是『御准』偏見，到了殘暴與荒謬的深度。」

「印度的奇蹟與成就和它的憤怒與恐怖並立；那種矛盾是如此強烈、如此沉重、如此令人目眩，我們不知如何去了解它。而這些矛盾並非隱蔽的，而是公開於光天化日下。印度同時佔有幾個不同的世紀。印度的科學與工業技術，某些人生活的標準、格調、行爲可以直追前衛的二十世紀……，但這也是成千成萬的婦女被壓迫的社會，像她們的丈夫一樣，過著極其野蠻的奴隸生活……。一面是名牌店、狄斯可、咖啡專門店；而這些卻是由另一些女同胞們彎了成千個工作天的腰建立起來的，而她們住在破殘的巢洞裏，洗泥污的水，但竟又能找出時間來把嬰兒撈起，縛在她們的雙乳上。一面是千千萬萬的存在物，生活是形同地獄，使人憤怒哀傷；另一面是金枝玉葉，完全看不見那些用獵鼠來餬口的同胞。……航空事業在八十年代；汽車的交通則在五十年代；電話退到一九三〇；電燈則再落後到一九二〇。」

「在法庭裏，律師衣著入時，語言講究，聲調高昂；在鄉間小鎮非人的囚牢裏，有數萬男女婦幼，等到老死，而得不到審判。」

「大部分印度遺產的承傳者，他們的生活和他們遙遠的古人很相似：卡死在他們的土地上，做一個勞苦的工人或農人；他們的存在聽命於颱風的旋律，耕種收成的旋律；他們的步調依隨著牛羣。這些人是印度的常數，是人類的基石，千萬年來過著相同的生活，穿著相同的衣裳，推著相同的犁，打著相同的架，住著相同的巢居，屈身，屈身向相同的壓迫者，向相同的五杯米。印度被征服，被再征服。由蒙兀兒人統治，由英國人統治，由現代政治

▲迷蛇曲據說是藥物導致，與音樂無關。在印度大小城中均可看見。

家統治。……而廣大的人民忍受，幾乎不變地忍受著；他們大都不參與，大都被忽略，大都沒有革命意志，大都沒有教育，完全被動，幾乎完全喑啞無言。」

4

「朋友，讓我們感激神，爲了我們的存在……」

合掌
你說
是我們感激的姿勢
在我們色澤黯然的語字裏
在我們沉默的蜷臥間
我們合掌
教我們感激神的什麼呢？
感激遙不可及
夢樣的
光華四射的
來生？
感激神給我們的無明
以龐大的痲木
穿行過煉獄的炭火
流沙似的泥沼
和風雨中
扭曲的饑餓？
合掌
你說
是我們感激的姿勢……

千廟之城與太陽廟

孟加拉灣東海岸的沉思

今天，我們馳行在孟加拉灣的東海岸。陽光溫炙着南風，南風吹着芒果林的花，花香瀰漫着我們馳行的路上，路引出微彎的油油的水稻田，在露珠乾而未乾的綠光拂動；路引出了彷似獨腳巨人的椰樹林，和林影下散落有致的茅屋，和樹影藤影屋影搖曳的一泓清池以及現在——初晨——穿着繽彩的紗纙(Sari)進入水中洗浴的女子。

今天，我們馳行在孟加拉灣東海岸的路上，在青牛閑浴的運河旁，在蹲在路旁的矮草房間，看曳白袍的赤足的村夫，鞭逐一羣彩角的白牛羣走向猶

▲孟加拉灣東海岸樹影藤影屋影搖曳的一池泉水，在早晨，村人和穿着繽彩的紗褵進入水中晨浴

未散盡的迷霧，或是兩個踢起石榴紅翡翠藍的紗裲的女子，悉索的衣聲，頭上頂着兩個黃銅大壺的水，或是兩籃子堆得高高的牛糞餅，很韻律地，走向在林中期待着的伴侶。

今天，我們馳行在孟加拉灣東海岸的農田與村落間。山石鎮壓着的大地，雲層催飛着的大地，不眠的海潮穿越林木梳溜着的大地，現在，彷彿像我們一樣，沈入了冥思的內層，冥思着她的美、她的豐盛、她的戰慄、她的饑饉。

混亂中美的堅持

或是在那混沌不清的時刻，創造者對自己懊惱，而把祂的創造物一而再、再而三地破毀？在那戰慄的日子裏，在那憤怒的日子裏，把撒出去的美搶收回來，讓一種黑暗的力量、神秘的黑色的力量鎮守，要祂的子民重新在天空、海洋、河流、林木的語言裏學習自然神奇的偉力？在那混亂的鼓聲裏

▲路上兩個踢起石榴紅翡翠藍紗裲的女子

再顯現祂高揚駭人的榮耀？

看！布班尼斯瓦（Bhubaneswar），奧利沙省（Orissa）的首都，「寺廟的王國」，據說它的周圍曾有七千座寺廟，如今大都蕩然無存。但嘉靈珈古王朝（Kalinga）以來廟宇的留跡，那怕是一磚一石一柱，仍然以它們驕橫的「殘缺」訴說着時間的雄風中美的堅持——如何一個王朝興起，一個王朝沒落，如何廟宇相爭湧升，如何廟宇在信仰的互相摧殘中、在不同的美互相鬪爭中滅絕；如何使佛教全盛的阿育王朝屈膝於卡勒維爾（Kharavel），而在二千〇二年前在日出山（Udayagiri）和破滅山（Khandagiri）鑿石成窟、刻山成城，並以獅象的雄姿孕育和傳播了耆那教的世界，而現在仍以它風雨不蝕空蕩的石壁石柱和古拙的藝術雕花與刻象，默默地重現着、重演着帝王帝后信仰精神活動的偉力。美的堅持在第七世紀持續的展升，三、四百年不衰的展升，重實如靈珈喇利（Lingaraj），縱橫如聖城普里（Puri）的傑剛樂施（Jagannath），躍

▲如桂林漓江邊上獨石山柱，如外天飛來的星石，棋子那樣座落在廣場上的靈珈喇利廟羣（布班尼斯瓦市）

▲普里城（四大聖城之一）的傑剛樂施廟。城內乞丐陣和痲瘋陣都是來求福的。

飛如康那克（Konark）的太陽廟，威武如天兵，巍峨如天柱，一一相爭攀星而起。而不少這類美的堅持又如何在一夜之間被蒙兀兒王朝掃滅到幾乎蕩然無存。這個造而復毀、毀而復造的神秘的力量，可就是那個對自己懊惱的創造者？可就是那個掌握全印度、掌握印度所有的世紀的溼婆（Shiva），那掌管毀滅與再生的大神？

■石之頌歌

告訴過你，我們來孟加拉灣的東海岸，原只是爲了那座落寞孤寂地獨立在康那克沙丘上的太陽廟，去看這座在乾潔的陽光下「未飛揚的飛揚」的駕車。沒想到，在這布市、普里與康那克構成的金三角灣區，仍然看到了這麼多「美的堅持」，突破時間無情的破毀，如一首一首石之頌歌，以騰躍的姿式，訴說着猶甚高昂的仰望。

尤其是在布班尼斯瓦，真是五步一堂、十步一

▲太陽廟舞室柱上臺上種種樂人舞者多姿的雕刻

廟。「是的，有些只是殘垣斷瓦，但都是藝術的偉跡，都呈現着一種固執與堅持。我們看到的巨廟，都是嘉靈珈風格建築的最上品。大如靈珈喇利，小如喇利蘭尼（Raj Rani），可以令人徘徊半日而不忍離去。但時間能允許我們作長久深刻的凝注嗎？或者應該說，我們有沒有那種逸放的勇氣把我們從自囚的時間中釋解出來，給這些「美」更長的共處的時刻？畢竟，我們也只能在它們一瞬的顯現中游泳而已。

雖只是一瞬，這座十一世紀的靈珈喇利主廟的高塔，如桂林漓江邊上的獨石山柱，從凌亂破落的村屋中拔地躍騰，臨風四望，指揮着布市的八方；其他大大小小獨石山柱式的廟塔，形影相隨地，像外天飛來的巨大的星石，棋子那樣坐落在廣場上。雖然我們無法像印度教徒那樣進入牆內，游行、仰望和膜拜，我們仍然可以依着陽光的指示，看見主廟（Jagamohan）、聖堂（Deul）奉獻所（Bhoga-mandapa）和舞室（Nata-mandira）滿佈外壁豐盛

▲太陽廟壁上的雕刻之一

的雕像：神的體態、舞樂之姿、神話動物、林木花草、男女愛撫，在一種寧靜和無聲中演出更生動的音樂。

雖只是一瞬，穆德斯瓦（Mukteswar），奧利沙省建築之華、石之夢，它旁邊一池聖水中晨浴的女子，彷彿是由塔壁上舞踏剛凝的雕像，從石上走出來，進入孕育生命的水中；雖只是一瞬，雖只是閃光燈迅速的一閃，我們無不驚嘆天花板上那朶朶瓣瓣盛著一個神祇精緻石刻的蓮花。

雖只是一瞬，雖只是一座很小很小的寺廟，喇刹蘭尼，以重覆的壁雕，不斷的變化，層疊而上，而贏得「廟中之廟」的美譽。雖只是一瞬，我們可以仰視而不盡。

相同的四種基本架式，相同的與自然相和的山形突起，中間的重覆變化竟然那麼多。每一座廟都是一首新的石之頌歌。普里的傑剛樂施、康那克的太陽廟可以以完全不同的個性召喚著不同的朝聖者。

▲穆德斯瓦廟，奧尼沙省建築之華、石之夢。每天早晨男男女女都在聖池中晨浴。立者為慈美。

▲普里市傑剛樂施大神出遊的大典

譬如普里的傑剛樂施，我們雖然因為被乞丐陣和痲瘋陣的追逼而只能在一間圖書館的陽臺上看，但在陽光普照下看平靜、廣濶、白熠熠的山形寺塔，俯視著街上如潮湧來帶著病的朝聖者。我禁不住地想：不知那些仰望、熱切的仰望有沒有得到這宇宙之主的答覆。禁不住想許多人曾經描述的有關傑剛樂施大神到夏天行宮那節日裏朝聖者亢奮的情緒：

「傑剛樂施大神一早便被喚醒……，他是一隻滑稽的怪物，一個白面無腳的木偶，五尺高，大眼圓睜，兩隻斷木似的手臂由帶著大鑽石的頭上伸出來。他和黑面的弟弟、黃面的妹妹住在一起，兩個人看來都鬼里鬼氣的，像小孩子們用臘筆畫的小鬼靈；但他們的鬼氣卻被他們頑皮的笑臉和遊樂園的色彩所沖淡，看來甚至有些可愛。他們掌管普里的大廟，使到普里成為印度教四大聖城之一，最受人喜愛，因為據說，不分種姓階級，甚麼人都可以在傑剛樂施大神下得救……

「有六千人在服侍傑剛樂施；他們擦他的牙，爲他洗浴，爲他穿衣，給他米、糖、麥做的早餐。……洗擦供食是每日必做的儀節，一千年來從未間斷。服侍他的人分爲三十六品第，九十七官階，由洗擦到送神上床休息……

「在廟前，在路上，空氣完全亢奮，車聲、人聲、朝聖者的草鞋聲交響著……，一共約有數十萬人，從凌晨便聚在廟下……，而在街的另一頭公牛母牛狂亂的跑著，驚叫的人聲，如浪沖倒的人羣。」

「到下午，朝聖者更多，額塗顏彩，身隨鼓聲搖動，入神出神，在半昏迷狀態中。成百的女子把髮辮剪下奉獻給神。有人把椰子炸破，把椰奶塗在身上，然後跪下來喃喃禱告。所有的眼睛都看著這十二世紀大廟獅子門前的三部怪物大車，說車，無寧說房子般大的戰車，上面搭著滿是飾物的亭子，裏面坐著三個神。上面一個大紅頂。

「傳統規定，四千二百人拉每一部車，但事實上可能不止四千人。輪兀兀然叫，吼聲如原始大獸的初醒……，車架上擁滿音樂家，放肆地打鈸、打鼓、吹號；半裸的司神者跳上跳下，頻向羣眾作手勢和大呼大叫。羣眾回應著，拋米、拋金盞花、拋椰子肉，然後在車輪壓過的地上，挖一些黃土，擦在頭額上……。」

就這樣，傑剛樂施大廟，日復日，月復月，年復年地召喚著如潮湧來的朝聖者。

■太陽廟：未飛揚的飛揚

當羲和敲日
顫著玻璃聲的一線光
俯視八方的
高塔上的神祇
依著玻璃的顫響
依著流光的律呂
採雲
摘風

▲由二十四個大石車輪拖動的座車康那克地方的太陽廟

樓欄裏
狂喜中愛撫的情人
靜思中的君主
躍動中的獅象
搖曳中的花草
依著玻璃的顫響
依著流光的律呂
熱烈地
應和著
一種神秘偉大的運行
看！
那高入霄裏的
像疾馳的劍
降臨
觸
及
靜坐中的米達拉（Mitra）
突然

鼓樂齊響
舞室裏
豐滿的女子
健壯的男子
自石柱間
自蓮瓣裏
騰躍
而舞
突然
馬轡抖動
大石輪徐徐運轉
高塔上
駕車
大石摺疊的巨廟
赫！赫！一聲
便緩緩地
從平蕪的劫灰上
飛起
向晶白晶亮的太陽

太陽廟是恆珈王朝（Ganga Dynasty）的奈勒辛哈王（Narasimha）十三世紀所建，不能說是「遠古幽邈」；然而，太陽廟的沿革是神秘的。在一九〇四年從沙丘中挖出全貌之前，曾被看成一個不重要的建築。迷霧中因此便有種種傳說：

訖哩什那神（Krishna）漂亮的兒子森巴（Samba）因爲和奈勒達（Narada）共謀，爲其父詛咒而得痲瘋疾。奈氏勸他到禪德勒巴格河（Chandrabhaga）旁太陽城的果園中，一面膜拜太陽，一面深深悔悟。他拜著拜著而霍然而癒。有一次他在河中洗浴時，他獲得了太陽的影像，而決定將之置於廟中，供大家膜拜。

又傳說奈勒辛哈王愛上了施素柏爾珈爾酋長（Sisupalgarh）美麗迷人的公主瑪雅德菲（Mayadevi）。有一次，奈王出征之際，公主突然死去，屍體最後放在一個箱子裏而沉入附近的河中。據說奈王終於在禪德勒巴格河的河口找到了箱子。爲了永記他對公主的愛，奈王便興建這座太陽廟……

如是，迷霧中流傳著種種動人的故事。但什麼故事什麼傳說都無法給我們對眼前崇奇的建築更多的歡喜。光是舞室柱上臺上種種樂人舞者多姿的雕刻，就夠我們細細品味一天半天；光是那二十四個石車輪上的雕飾，便要我們花上數卷底片而拍不完，更何況龐大車座四面精細人物，神祇，蘿藤花葉，動物，人事的浮雕，更何況直上雲霄的車壁上種種美舒娜（Methuna，性的靈合）數不盡動人的美姿。誰在座車上游走而能不每看一驚嘆，每仰首一頓呼呢？陽光下，我們不要離去。走完一個圈，我們走第二次，又有新的發現，再走而再有發現，我們不要離去。是如此豐富的美的湧現，爲什麼有人只注意到美舒娜的色而無視它們的美呢？美舒娜，依著玻璃的顫響，依著流光的律呂，正熱烈地

▲太陽廟其中一個大石車輪所見雕飾、人物、神祉和「性的靈合」之美舒娜。

應和著一種神秘偉大的運行

看！
那高入霄裏的
駕車
大石摺疊的巨廟
赫！赫！一聲
已經緩緩地
從平蕪的劫灰上
飛起
向晶白晶亮的太陽！

從花崗岩裡釋放出來的神廟・愛羅拉石窟羣

■網狀溪原

當我們降落到德根平原（Deccan）的阿倫嘉巴（Aurangabad）的時候，三天來印度的感受和印象，仍然纏繞著我們無法平息的記憶，加爾各答和孟買令人頭昏、目眩、憤怒、痛恨、厭惡、憐惜、傷心的世態——黯然蜷縮的生命羣；奧利沙省騰躍飛舞神秘地揮動著陽光的巨石神廟，相爭地湧復，相爭地盤踞著我們的思想。何其深沉的囚困啊，生命與生命如此無情、如此意外的相遇。

記憶相爭地湧復著，當我們馳行在阿倫嘉巴網狀的溪原上，當晨光隨著霧散而漫開。好奇特的一片極目無際的原野！我稱它網狀溪原，如此一展入天涯的原野，凹凹凸凸，蜂巢一樣的小谷，棋盤一樣的小丘，數尺高，數尺低，起起伏伏蜿蜒開展。這，必然是肥沃的土地。這一片近似半沙漠的褐原，此時，因著一些破落的村鎮，看來是一種向內收縮的乾涸與皺結；但我們可以想像雨季來時，將有一萬條小溪，一千個小小的沼澤，由我們站著的地方，一直漫入天邊，圍擁著橫在遠方的獨石山柱。也許文化的生長亦有乾涸與濕潤的季節，現在橫臥在路旁的殘垣破石，在文化濕潤的古代，即是赫赫千乘的宮殿與城堡。

在網狀溪原的大圓上，我禁不住去默想劫的運轉、劫的循環，劫灰以後也許是更豐盛的重生？想著，想著，網狀溪原的大圓周，在天邊，以一種難以名狀的微顫，挑引著我們的眼睛。彷彿在說：來，來探測這原野的深度：遙遠的時間，神秘的空間。

我們穿過一些玉米田，一些棉花田，一些小麥，一些矮甘蔗，掩飾著散落的巢居和破落的泥屋。假如說，東南方的芒果林、椰林，帶著淋漓欲滴的垂綠是濃密與沉鬱，簾住了生命的神秘，阿倫嘉巴的網狀溪原卻是開闊無阻，以另一種神秘引領我們探向遠方。

走在阿倫嘉巴的網原上，心胸隨著開朗起來。天邊一座平臺似的高突的獨石山柱，像一片拂動的旗那樣，伴著我們飛馳……。

一些曬太陽的瘦小的牛羣。

一節帶著回教塔樓的殘垣。

一鏡平湖，反映著古意猶存的蒙兀風格的小城堡。

一些洗衣女子的倒影。

幾個戲逐的黑膚的孩童。

一羣白帽白袍的男子，從泥汙的市街和黑色中走出來，閃閃然而泛著亮光。

或者是中途站一車多彩的水果旁，幾枝乾瘦黑色的嫩手，伸向外來的遊客，等待一點點的施與。

或者是爛泥四濺的街角上，白袍的男子坐在矮桌旁，飲他們深黑色煮沸經年的濃茶……。

或者是道旁一叢不知名的黃花、紫花，把褐原一下子襯托得綠意盎然……。

馳行在起伏凹凸的網狀溪原上，我們深入那不斷把秘密舒卷開來的遠方。遠方有神奇的造化等待著我們。

■劫與城砦

過了一道破橋，在荒亂的矮樹叢間，我們正在好奇地觀看著兩個殘存的回教式小型圓頂的建築，廢棄在路旁。正想著，寫在上面的不知有多少的流血與死，有多少沒有記下的故事重疊在這些殘垣上。而後想到，在窪洞、黃土、裂溝、枯樹的荒野上，兀然升起一座插天的荒廢的城砦——道拉泰白（Daulatabad），由一根引風撥雲的三層塔柱鎮守著，雄赳赳的佇立在藍天下。而道砦則似沉睡的巨靈，重壓著欲飛不振的黃沙（圖二）。

我們緩緩的移近，那構成道砦的奇岩，輪廓也

▲圖二　網狀溪原上的道拉泰白城砦遺址

漸漸清明，矍然拔起五百餘尺，尖峰向天。由地面直上一百五十尺左右，是垂直切下的一片城牆，如此的陡危，可以敵住千軍萬馬。牆內有牆，如摺疊的蜂巢。想像萬箭齊發，或夜裏層層熊熊的火把，其氣勢就足以鎮住一切的攻城者。至於傳說中的種種陷阱，如大洞上放一塊大鐵板，下面燒起巨火，等待敵人陷入，諸如此類的機關，形跡猶在。由山下破城再曲折爬到城砦之頂，據說十萬強兵都攻不進。但，固一世之雄也，如今安在哉！又是甚麼的大劫把一切人事灰滅，而把巨大的城砦留給了風，留給了沙，留給了星月與禿鷹和地鼠呢？

從半里外的一個山頭看過去，沉睡的城砦，彷似一節未完成的長城，橫在黃沙上，等待著杜赫拉克（Tughlag），德里的回教君王，帶著他全部的子民，穿行一千一百公里，來入駐這個大原上巨靈似的城砦。沉睡的「吉祥之城」，在陽光的風下，我們彷彿仍可以聽見高公達（Golconda）王，在峰頂皇宮的囚室中，十三年來細細的嘆息……

愛羅拉的岩廟

馳行在起伏凹凸的網狀溪原上，我們深入那不斷把秘密舒卷開來的遠方。遠方有神奇的造化等待著我們。

遠方等待我們的，是從花崗岩釋放出來的愛羅拉岩廟（Ellora Cave-temples），尤其是那鎮住世界所有石雕刻、石建築的凱拉撒那達廟（Kailas-anatha）（圖一、三、四）。

第一次知道這座神廟是通過妻子慈美印度藝術研究的書籍。這座廟的雄奇，遠在希臘巴特農神廟（Parthenon）之上，完全非文字、筆墨、圖像可以形容。沒想到今天我們竟然能夠一步一步的走近它，我和慈美的胸中，有一種無法複述的興奮的湧動，我們的每一步都似乎帶有朝拜者的心情。

是的，我們完全無法描述我們和這些巨大的石

圖一　愛羅拉石窟羣中的凱拉撒那達神廟（750-850 年間鑿刻）

▲圖三　凱拉撒那達神廟的正面

刻石鑿接觸時在心中引起的讚歎與敬畏。當我們走近它們的時候，我們的眼睛，我們的想像，頓然被那繁複的豐盛拋入一種迷惘裏：敬畏、驚異、喜悅，還是痛苦？彷彿要經過一段長的時間才可以冷靜下來，才可以清醒地凝視我們周圍的奇觀，才可以作一刻的冥思：原野上死亡一樣的沉靜，山石永恆地無言而又永遠地訴說著，訴說著我們似乎知道也似乎不知道的神的秘密、自然的秘密、人類的秘密。每一個鏤刻都一再鏤刻著我們的思想和感受。是的，幾乎每一件入目的事物都邀請我們去想像遨遊，入一個遠古的時代，會一個強大的民族，感受一個高度的文明！

不知有多少分不清、理不清的思想衝入我們每次和事物的接觸，不知有多少沒有文字的詩、史詩、故事、小說湧現在我們的心頭。

我們如何去想像，當別人都用疊起、增加的方法去營造，中古的印度人（一百個工匠？一千個工匠？）卻從高一百餘尺鯨背似的花崗岩上，一下一下的慢慢鑿切下來，不是疊建、不是增加，而是雕挖與減除，用負面空間的思索來製造出一座廟堂？是怎樣一個偉大的藍圖，能讓成千的工匠，經過一百多年，都能完全掌握不變，彷彿在他們的心中有一個完全相同，一切細節都齊備，一切尺寸都瞭如指掌的廟堂，或者，我們能不能這樣說，像愛斯基摩人所相信的那樣，他們要雕鑿出來的廟堂早已成形在巨岩內，工匠們、藝術家的工作只是把它從岩石裏釋放出來？彷彿那雕挖出來三百萬立方尺二十萬噸的岩石，只不過是這座溼婆（shiva）聖山廟暫時的囚鎖？

踏進鏤刻絕麗的大門　，驚呼驚嘆的豈只是我們！幾乎同一刻中，大家的頭都向石縫的高天仰望，仰望正廟兩旁兩根直挿天庭的箭柱，兀立在有梯級有迴廊的空庭中。試想像，在未鑿之前，包裹在花崗岩中，只是混沌不分的不知空間不知時間不知光線不知空氣的一團物體，而現在卻光影互玩，雕花井然，和旁邊一排猴王故事的浮雕，和護衛的

◀ **圖四**　凱拉撒那達神廟另一個角度的雄姿

◀ **圖五**　神廟壁上的細雕

巨壯石象、人物、門窗、廊柱、欄干互相輝映，可不就是混沌初開的一種誕生嗎？是的，整個深二百七十餘尺、闊一百五十餘尺、高一百二十尺、廊柱、門楣、穿廊、看臺、浮雕完全具備的廟堂本身也可以說是石破驚天的一種誕生，由兩袖花崗岩的廻廊所抱著。

廟的上層六七室的室內室外和廻廊的另一些石室的雕鑿的神祇、動物、人物如此之多，我想，用多少文字去描寫都無法給它們公平的呈示。事實上，大家的注意力都在整個廟堂拔起之勢，尤其是三疊而上、金字塔形、頂天而立的主廟頂。因爲被整個廟的氣勢懾住，大家便忽視了很多分別來看時是非常絕美的浮雕。同樣，我們也無法一一給它們應有的凝視與沉思。建造者之一訖哩什那二世（Krishna）曾說：「除了神奇之外，我不知道我有什麼辦法刻建此廟！」凱拉撒那達廟確是一座神奇的山，我們禁不住向高天仰望。

我想，這座廟，除了近似神工的刻鑿過程使人無法想像之外，有很多藝術的細節也許更令人反覆思廻、流連忘返。首先，是在龐大花崗岩廟所給我們應有的四平八穩中注入了動感，較顯著的是主堂外牆上的飛天，飛天雖是印度廟中常見的形象，但這座神廟牆上的飛天，在刻鑿的過程中，完全違反了石的本質和建築的個性；它們彷彿已經飛離了石壁（記著，這不是雕鑿好放上去的，而是從同一塊岩石上刻出來）。違反石的本質，自犍陀羅（Gandhara）的佛教雕刻以來便已登峰造極，譬如所謂淋漓的佛像，石刻利用幾條袍的垂線，看來彷似透明，彷似淋漓欲滴，即是把柔注入剛裏（圖五、六）。

▲圖六　神廟壁上的飛天

凱拉撒那達廟上有很多狂動的雕刻。我們試看入口的南諦(Nandi)神殿的基石（刻出來的基石）上面巨大的石象。用動物形象作爲柱或者臺的支撐，在印度廟中也常見；但這裏不同的是，這些動物的姿勢是動的，事實上，是兩隻象在打鬪。我們如果仔細去看，會感到整個廟的基礎在搖動，彷彿整個龐大的結構馬上要倒坍（圖七）。是這樣微妙的動與靜，剛與柔，輕與重的玩味與張力，給人最深的感動。我必須還要指出，那些藝術家還用了一個看來簡單但引人尋索思想的策略，那便是有不少搖動中的動物，在接觸地區（原石）的部分，不把它們刻完，彷彿它們自石中生長出來似的。這，與廟從石中釋放出來的基調有著豐富的廻響。

所謂違反石的本質，從另一個角度看，就是克服素材的困難與阻礙。齋戒沐浴堂裏三個神龕刻鑿著三條聖河——恆河、浸瑪和沙拉斯梵諦——的女

◀ **圖七** 神廟殿石上兩隻動勢的象

神，背景深暗，刻鑿著蓮花、浮草、蘿藤、卷鬚類，整個背景彷彿在移動，彷彿有水從表面流下來，而女神就從這樣一個波動的背景中躍出，充滿韻律，豐滿，婀娜多姿，搖擺，長腿，性感，把花崗石完全軟化。

這種靜動相持相推，最精彩的當然是惡魔勒梵那(Ravana)搖動聖山的地基那組雕刻。惡魔被刻置在一個極深的方洞內，他巨大的身形，他的幾個頭顱，他闊大方形的肩膀，構成一股剛勁的力量，佔領著深暗的方洞，再由他如風車旋動的幾隻手撐著、搖著頭上的整個重量。在光影的玩味下，在虛實的張力間，整個惡魔彷彿全身在狂蠻地凶狠地搖動。而在方洞之上，溼婆大神毫不動容地坐著，只用他的一隻腳指便把聖山定住，旁邊他的妻子巴梵諦，嬌羞混著恐懼地依偎在溼婆大神的懷裏。在他們的頭上，所有的神祇都變成了這事件的目擊證人。這個故事的象徵意義很顯著，邪不能勝正，同時要表現溼婆大神的威力。但更重要的是明暗、靜動、正負相持相推的整個基調，反映出了宇宙間整個的運作（圖八）。

看完了這些，帶著這宇宙運作的張力和律動，如果此時我們爬上石階，進入神廟主堂的最深處，亦即是原石的中心點，在深沉陰暗的內室裏，再看刻鑿出來受大家膜拜的靈幹（Lingam），也就不會像許多訪客那樣驚愕。靈幹是由男性性徵與女性性徵結合而成，在印度教的廟宇中到處可以見到。但在這座神廟中，因著以上宇宙運作的張力和律動，靈幹的意義和氣氛都變得嚴肅可敬。靈幹代表的，在最深層最基本的運作裏，就是陰陽相合與相推，是最自然的律動。（圖九）

關於愛羅拉石窟羣

愛羅拉的石窟，有佛教的（有寺院式和廟堂式兩種），有印度教的，有耆那教的，一共有三十四

▲圖九　神廟內堂中的靈幹

▲圖八神廟最著名的雕刻：惡魔勒梵那搖動聖山的地基

窟，都屬於岌多後期（Post-Gupta）的風格，亦即是說，從時間上說，是在愛貞德石窟羣（Ajanta Caves）之後，也就是說，愛貞德石窟停鑿以後，是愛羅拉石窟羣的開始，完成在第六世紀至第十世紀之間，大部分重要的岩廟在九世紀左右完成。照講，要看雕鑿建築的發展，應該先看愛貞德石窟羣，再看愛羅拉石窟羣，更易見出風格的蛻變。我們會另外在愛貞德石窟羣的報告中，引述愛羅拉的佛教石窟。以愛羅拉來說，當以印度教的凱拉撒那達廟最具代表性。

這種神廟是南方雕刻建築風格入侵的最北點，換言之，這是南北混合風格的印度廟。但不管是南是北，都是由佛教建築演變過來。我們從早期的「林龕」可以看出來，四根挨牆柱加上一個茅屋式樣的頂，這顯然是以石模倣木造建築。就我們在愛貞德和愛羅拉看到的石窟，所有刻鑿出來的廟堂（chaitya）和寺院（vihara），都完全模倣木造的廟堂與寺院，所有的樑木門楣栩栩如木造原來的形

▲圖十　愛羅拉的佛教岩廟，不少仍保留着愛貞德岩廟的特色，所鑿刻出來的樑木門楣完全倣木造廟堂、寺院而刻

▲**圖十一** 早期林龕式的十廟（磐達華神廟組之一）第七一八世紀鑿刻

狀（圖十、十一）。

關於凱拉撒那達這座印度廟的格局，是查魯刻亞朝（Chalukya，北方）和派拉華朝（Pallava，南方）的混合產物。北方，可以拿德根地區愛荷勒地方（Aihole）的勒德幹廟（Ladkhan Temple）爲代表。該廟的特色是一個方形的柱堂由倒模式的柱礎上升起，平的屋頂，有門廊，廊柱柱頭有獅子（佛教主要圖像之一）或鐘，內層設有神龕，神龕供奉的不是佛祖而是靈幹，屋頂分兩梯次斜上，上面蓋以方塔（Shikara）。方塔可以說是印度廟的特徵之一。有些廟，也襲用了佛教廟堂的格局，外加游廊和浮雕。南方的風格，以磐達華（Pandava）的Raths（原意是神車）廟組及乾溪（Kanchi）的凱拉撒那達廟最具代表性（圖十三、十四）。這些廟基本形狀也是方的，柱石楣石相當多而顯著，廟的四周鑿滿了雕刻，包括卷鬚、蘿藤的設計和神龕中躍出的種種神像，南方也用方塔，但很像一個「林龕」坐在一個城牆上，城牆四周看來像是瞭望臺的

▲圖十三　乾溪的凱拉撒那達廟（第八世紀）

▲**圖十四**　巴他達佳爾的 Virupa Ksha 廟（第八世紀）

換牆柱，柱上有不少草菇狀的蓋石，而較大的廟，有兩層到三層逐次作金字塔形高昇的塔頂，從遠處看，就像一個巨大的草菇俯視著四面欄干的或者城牆的各柱上的小草菇（圖十二）。南方的頂塔和北方的頂塔，最不相同的地方是後者和其他的建築元素成為一個有機體；前者則不。愛羅拉這座廟雖模倣乾溪的凱拉撒那達廟，在柱石、楣石、神像、雕飾和逐次昇高的頂塔都吸取了不少南方的風格，但在整個格局的佈置則還保留著北方的面貌。

▲圖十二　磐達華神車廟組中之 Dharmaraja（第七一八世紀）

永恆是綠色的記憶·愛眞德岩廟觀畫的印象

只要我們在塵世上的記憶是綠的，我們便能持續不斷地在樂土上享受人生；所以我們應該在山中豎立紀念的信物，那與日月長存的信物。

愛眞德（Ajanta）第二十六岩廟所見

1

走在印度的土地上，我們同時走在唐代和古印度的時空裏，這不是文人要故作時空的飛躍，因爲

——

在梵闌那斯（Varanasi）的鹿野苑，當地的導遊會告訴你：這裏所見的殘垣，印度的歷史完全沒

▲「佛國記」和「大唐西域記」所載鹿野院的大迦藍和精舍遺址

有紀錄。這裏的歷史是通過法顯的《佛國記》和玄奘的《大唐西域記》而重寫的。試看西域記卷八迦耶葉波條有關釋迦牟尼成正覺時的場景，有如下記載：

……自此西南十四五里，去苦行處不遠，有畢鉢羅樹，下有金剛座，去來諸佛，咸於此坐，而成正覺，願當就彼。菩薩方起，室中龍日，斯室清勝，可以證聖。唯願慈悲，勿有遺棄，菩薩既知非取證所，爲遂龍意，留影而去，諸天前導，往菩提樹。逮乎無憂王之興也，菩薩登山上下之跡，皆樹旌表，建窣堵波（按：即Stupa），度量雖殊，靈氣莫異，或花雨空中、或光照幽谷。……前正覺山西南行十四五里，至菩提樹，周垣疊甎，崇峻險固。東西長南北狹，周五百餘步。奇樹名花，連陰接影，細莎異草，緣彼正門東闢，對尼連禪河，南門接大花池，西阨險固，北門通大伽藍，壖垣內地、聖跡相鄰，或窣堵波、或復精舍，並瞻部州渚國……。

我們站在一些藍圖似的紅磚的牆腳與殘垣上，禁不住默默地想在腦中重現玄奘當年目睹盛況勝景穿梭於伽藍、精舍間的行跡。我們對著附近那巨大豎天的窣堵波，聖跡赫然猶在，而就是這麼巧，下面正坐著曾經翻過玄奘所經的一些途徑而到此的一些西藏同胞，在那裏撥唸著佛珠，默思著釋迦的正覺，此情此景，更把唐代與古印度一下子地活現在我們的心間；彷彿怕我們猶疑，菩提樹就在附近搖曳，歷歷在目。

走在印度的土地上，我們同時走在古印度的時空裏，譬如，當我們到了「紅粉宮城」寨埔（Jaipur）附近，看到了勒茲普（Rajput）和蒙兀王

▲「紅粉宮城」的寨埔內的「鳳宮」正面，像一排亭子疊着一排亭子疊着一排亭子那樣，雕花細鑿，一路疊騰上天。

▲建於十八世紀而竟似現代雕刻的測星臺（齋埔）

朝宮殿裏利用風吹雨簾那種透涼的設備，我們又怎能不憶起唐語林和舊唐書中所記載的唐人生活呢？

玄宗起涼殿……，時暑毒方甚，上在涼殿，座後水激扇車，風獵衣襟。知節至，賜坐石榻，陰霤沈吟，仰不見日，四隅積水成簾飛灑，座內含凍。

武后以後，王侯妃子京城第宅，日加崇麗……，宅內有雨亭子，簷上飛流四注，當夏處之，凜若高秋。

至於盛暑之節，人厭囂熱，乃引水潛流上偏於屋宇，機制巧密，人莫之知。觀者惟聞屋上泉鳴，俄見四簷飛溜，懸波如瀑，激氣成涼風，其巧如此。

這些記載竟然和我們在齋埔附近宮殿所聽到的說明所看到的記載完全一樣，我們能不在唐代與古印度的時空之間思索穿梭嗎？

但走在印度的土地上，我總是感到有些遺憾；

▲玄奘所見愛眞德岩廟竟要在一八一九年由一隊英國獵人重新發現！

遺憾在我們來之前沒有事先把中印文化交通史認識箇清楚。因爲，我們的每一落足，都可能是法顯、玄奘等人的行跡。

2

走在印度的土地上，尤其是，當我們緩緩的走近愛眞德峽谷的時候，我們心中正湧動著一種其他行旅者所沒有的情感。一些指南或者當地的導遊會告訴你：愛眞德岩廟雖然雕鑿於公元前二百年，但自從第九世紀逐漸棄離而轉向愛羅拉（Ellora）以後，即完全被人遺忘，直到一八一九年一隊英國的獵人無意撞入峽谷內，才再被發現。彷彿愛眞德的歷史是這樣寫成的。但，對帶有唐代血液的我們，這種說法是無稽的。因爲玄奘是第一個爲愛眞德作下紀錄的人。別的旅客，去看愛眞德，是一種好奇。我們看愛眞德，則是重溯玄奘行跡的意思，更何況那裏面有滿壁的畫，說不定更可以引我們作

▲印度大靈魂馬額馬甘地之墓。瘂弦曾有頌詩。

敦煌之思呢。《大唐西域記》是怎樣描寫愛貞德的呢？(註)

（摩訶剌佗國，即 Maharashtra）東境，有大山，疊嶺連嶂，重巒絕巘，爰有伽藍，基於幽谷，高堂邃宇，疏崖枕峰，重閣層臺，背巖面壑，阿折羅阿羅漢（即 Achara）所建，羅漢，西印度人也。其母既終，觀生何趣，見於此國，受女人身，羅漢遂來此，將欲導化，隨機攝受，入里乞食，至母生家，女子持食來施，乳便流汁，親屬既見，以為不祥。羅漢說本因緣，女子便證聖果。羅漢感生育之恩，懷業緣之致。將酬厚德，建此伽藍。伽藍大精舍，高百餘尺，中有石佛像，高七十餘尺，上有石蓋七重，虛懸無綴。蓋間相去，各三尺餘。聞諸先志曰，斯乃羅漢願力之所持也。或曰，神通之力。或曰，藥術之功。考厥實錄，未詳其致。精舍四周，雕鏤石壁，作如來在昔修菩薩行諸因地事，證聖果之禎祥，入寂滅之靈應。巨細無遺，備盡鐫鏤。伽藍門外，南北左右，各一石象……昔陳那菩薩（即 Dinnāga），多止此伽藍。

在玄奘與後代之間，有沒有人因著這個記錄而來朝拜過這些岩廟呢？也許玄奘心不遊於藝，對這些由花崗石脈裏雕鑿或雕挖出來（而非玄奘所說的「建」）岩廟，他沒有作出任何美學上的說明和賞讚；他也沒有對岩廟中豐富的壁畫作出任何提示。在我的記憶中，似乎還沒有什麼人，曾經做出詳細的記錄，並和中國的繪畫傳統比較。愛貞德幾乎成為一種現代的「現出」，我們一時把不定中國與愛貞德之間有過的交談。而另一方面，我們禁不住要問，在印度的歷史中，是因為一種宗教權力壓倒了另一種宗教權力而使得它被淹沒遺忘到十九世紀嗎？假如沒有那些英國獵人無意間撞入而發現，這一段豐富的藝術宗教史便可能完全埋沒了！對我們來說，很自然的，我們應該去追索這些雕鑿之廟、佛像等和廟中的壁畫與雲崗、龍門、敦煌有著什麼血緣的關係，其間的意念、線條、母題、風格、著色、構圖有了怎樣的一種蛻變。這些，無疑是帶著唐代血液的探訪者禁不住要提出的問題。

當我們走向愛眞德峽谷的時候，我自己無法不感到後悔，後悔沒有先作出一些文化的準備，後悔沒有貯備一些雲崗、龍門，和敦煌藝術的觀點。來試圖作出風格上的比對與印證。雖然如此，當我們走向愛眞德峽谷的時候，我們仍然禁止不住湧動的興奮。

我們從無際欲眠單調褐色的網狀溪原轉過山角，先是一些樹木，然後一些之字形的石砌游步道，往小山升盤。而突然，一個美麗隱蔽的峽谷，雄奇地升起復沉落。在這個半圓形馬蹄狀的峽谷的盡頭，一條溪澗化作幾線瀑布，直落入谷底深沉的大寂裏。谷腰間兩袖環抱是黑色的巨岩，巨岩上雕欄雕柱雕樑雕窗雕像雕花雕獸高高低低行行止止地掛在谷腰間，構成三十間岩廟，從古代的時空裏升現，壯麗而沉默地訴說著一些嚴肅與驕橫；而鎮守在廟前的佛像，彷彿由古代靜坐到現在，把谷外的塵世完全遺忘，冥思入陽光中微顫的空無。我們倚著未鑿的岩石，想：是怎樣一種信仰的偉力，是怎樣的一種持久不變的虔敬與耐心，是怎樣一種「成象在心」（不止在一個工匠的心，而是在所有工匠的心），凝定不變凡百年，一鎚一鑿地刻成、雕成、挖成這些令人驚嘆不絕的廟堂與寺院到「巨細無遺，備盡鐫鏤」呢？倚著未鑿的岩石，我們不知不覺地沉入古代誦經滲著鑿刻的磬聲裏。

註：據 A. Ghosh 的 “*Ajanta Murals*”(New Delhi, 1967) 一書，「愛眞德」這個名字是後起，是一八一九年發現該峽谷時按照附近的「愛眞德村」定名的。古代該峽谷叫什麼名字，至今未知。玄奘這段話被所有研究愛眞德岩廟的人引用，是因爲文中提到的「阿折羅」在第二十六窟中找到 Achara 僧的記錄。此外文中提到的石象，雖在第二十六窟已經找不到，但像第十六窟現存的兩隻石象，以前可能存在過。

3

我在「從花崗岩裏釋放出來的岩廟——愛羅拉石窟羣」的報告裏說，要看雕鑿建築的發展，應該先看愛眞德石窟羣，再看愛羅拉石窟羣，更易看出風格的蛻變。愛眞德岩廟是屬於笈多期（Gupta），最早的一所是第十窟，大約是在公元前第二世紀上半期刻成，最能代表早期佛教雕鑿建築的風格。愛眞德的石窟，分成廟堂（chaitya）和寺院（vihara）兩種，都模倣木造甚至竹造的廟堂與寺院而刻鑿，樑木、廊柱、門楣栩栩如木造原來的形狀。這些樑木、廊柱、門楣完全是裝飾性的，因爲它們完全沒有原木造或竹造的實用性。我們將之與奧尼沙省（Orissa）布班尼斯瓦（Bhubaneswar）二千零二年前在日出山（Udayagiri）和破滅山（Khandagiri）所刻石窟相比，更能見出愛眞德風格的特殊。後者大半是方方的一個洞，洞內幾乎完全沒有雕鏤，除了偶見粗簡的門楣外，沒有樑木這類屬於木造建築的特色。

我們進入第十窟，從非常寬敞的本堂擡頭看，頂篷矗然高升，成半圓酒桶形狀，可以看見龍骨似的橫樑彎向兩邊三十九支石柱，彷彿由某種張力和重量壓成。我們第一個印象也許不是由一塊大石刻挖鑿切出來的廟堂，因爲在感覺上是木造建築或竹造建築才有的張力的重壓感。這種感覺正是因爲刻鑿出來的樑木柱石是取模於木造竹造建築的關係。這個藍本我們在愛羅拉的石窟羣中仍可大量的看到。但愛眞德具有愛羅拉石窟所沒有的雕刻風格，那便是小乘佛教的餘風。

所謂小乘佛教的藝術，是指原始佛教沒有偶像崇拜，釋迦在世時沒有設廟宇，據說，他死後近五百年還沒有佛像的設施。在鹿野苑附近，我們只看到法輪、臺座、佛足跡等的雕刻。事實上，對於引起感官反應的事物，早期的佛教都極反對，世俗繁華的生活不應去沉迷，僧尼自然不可以看當時印度宮殿牆壁上的「性愛畫」。據說曾經有六個僧侶在居所內畫了以女體男體爲題材的一張畫，佛陀知道了，曾經說不可，僧侶只許做花環、藤雕、布飾等。整個來說，早期的佛教藝術用的是抽象幾何形狀的象徵事物，其中最顯著的，除法輪、足跡等外，便是窣堵波（半圓突起的土堆或石塊——按：據說窣堵波在佛教之前原係由男性性器官崇拜變化而來的突起土堆或柱石，佛教以後因藏佛骨而成爲佛陀主要象徵），在第十窟的中堂便是一座巨大半圓突起的窣堵波。在愛貞德所見早期石窟，如第九第十窟，給人的感覺是乾淨簡潔，以幾何線條構成的空明，頗有現代雕刻的意味，和大乘佛教以後的多采多姿成強烈的對比。

雖然早期佛教禁止刺激感官的形象，但抽象的意念無法滲入一般的民眾，所以不得不借助自然界的形象，先是有菩提樹，繼有佛陀生涯的表現（卽所謂「本生譚」），如利用象、馬、鹿代替佛陀生涯三個主要階段：「靈夢受胎」、「山中苦行」、「鹿野苑初轉法輪」。隨後又用種種動物來象徵菩薩。大約經過一番爭辯以後，印度教中許多原有的諸天、蛇王、飛天等都相繼引入。到愛貞德後期的石窟，林林種種，由諸神到印度當時生活的諸態，包括雙乳坦蕩 如滿月爭輝的愛侶，都有細緻的流露。

4

花是樹的裝飾。
閃電是雨雲的裝飾。
入醉的蜂兒點綴著蓮花。
一切生物的飾物是什麼呢？
是圓融的美德。

——愛貞德岩廟所見刻詞

愛眞德的雕刻，石窟中的壁畫，在意念上，在母題上，在線條風格上，在著色構圖上，和雲崗、龍門、敦煌有著什麼血緣關係呢？這，不是我能作答的，但有幾點印象也許可以提出來讓後來者參考。浮雕和壁畫的刻畫自然與佛陀的生涯有關，即所謂「本生譚」；在主題上，中國這幾個地方的雕刻與壁畫，自然可以追溯到愛眞德的岩廟來，如所謂「尸毘王本生」、「鹿王本生」等，其次諸種佛相，如所謂「縵網相」、「肉髻相」等也有相當的迴響。但在我看到的愛眞德壁畫中，在風格上，在技巧上，我的印象是（我只能說是印象，因爲敦煌部分我只看過圖錄），很不相同。愛眞德的畫工，講究細線和實體感，很多地方顯然受了雕像的影響，很多地方呈現著高度藝術的訓練；敦煌等地的壁畫，多表現著民俗藝術舞動而不假思索的快筆，比較平面而少講究比例和實體感。一個解釋是，北魏時代壁畫，由於氧化的過程，線邊的色澤變黑而顯得濃厚；據說最初仍是從實體感出發的，這點因爲非我所長，不敢下定論。整個看來，北魏以來的壁畫似乎與帕米爾高原方向的絲路所帶來的影響較深，因爲在風格上，與中小亞細亞的佛教藝術有更近的迴響。譬如敦煌壁畫中「鹿王本生」的背景錐形重疊的山，便可以在伊朗的某些銀盤上找到佐證。以上是一種粗淺的印象，猶待那些在這四個地方都長住過的藝術史專家證明。

這裏，作爲一個愛看畫的外行人，我只想描述一下所見壁畫的印象。

我想，看這些畫的第一個印象是：多種色彩，多種姿勢，多種線條，多種人物，多種生活情態（譬如第一窟中有刻畫一所學校上課的情趣），活潑，抒情；這不僅是在人物的刻畫上，對動物、鳥類、花樹、山的光影，都反映出畫工們以全然開放的感性去回應、接受事件所流露的畫質。

在人物與姿勢上，我們一面可以看到沉入空明的嚴肅的佛陀或菩薩（圖一、二），靜然冥思的信徒，另一面也可以看見肉色透明裸體相擁的愛侶（「美舒娜」）（圖三）。在線條方面，有不假思索、快筆的、屬於表現主義書法的筆觸，如畫猴（圖四）和臥女（圖五），也有細線的如畫象（圖六）；在感受方面，有宗教的寧靜而近似西方中世紀畫的，如「信徒與奉獻」（圖七），兩片屏風，五個人物，背景是石頭與花園，一種自由自在的寧靜。五個女子帶著柔和、婀娜的姿勢向神龕移行，一種不勉強的實體感，一種安詳的和諧的線，摻著節制的紅色

▲圖一　佛陀

和蕉綠對和、交響。另一方面，我們也看見高更大溪地時期畫風的「慟哀的女子」（圖八）。

到愛貞德，大概沒有人會忽略第一窟中 Padmapani 和 Avalokitesvara 兩個菩薩的畫（圖九、十）。這兩張畫充分地表現出南北藝術自由的融匯。所謂北方，指的是受了希臘藝術影響的犍陀羅藝術。呈現在 Padmapani 上面的，即是：他有著 Aryan 人的特色，膚白，有一種巨大而輕盈的感覺。而黑膚、圓臉、豐滿的唇，則是德根平原（Deccan）本土的特色，通過 Avalokitesvara 流露出來；他身上非常精細的珠光寶氣，也正反映出南方的風俗與衣飾。兩者體態都充實圓潤，而同時又好像溶入一種深沉中，他們彷彿在一個輕快流動的世界中移行，彷彿是在一種偉大的運作行將完成之前的一種寧靜。他們的眼瞼下垂，彷彿把自己引入一種無法量度的深處。

由於線條的肯定性，由於明暗的柔和，兩張臉都呈現著一種抒情的、沉思的抽象意味；也許是玉

◀ **圖二** 菩薩　第二窟、第五世紀

▲圖三　美舒娜（愛侶）　第一窟、第六世紀下半期

石般光滑的膚色的襯托，那冥思半開半閉的眼睛正放射出一種天庭的美和純潔。我們還注意到，他們的肌理幾乎看不見，正好表現出不同於塵世人的超自然的解剖。前面是菩薩流露的古典的抑制，背景卻是活潑溫暖的景物——棕櫚、阿育王樹繁茂的樹葉爍爍的色澤，強烈紅色的遠山的嶺脊，鳥羽的翠藍——相互持衡著，而把畫中人物的膚色生動起來。

背景的安排是相當引人入勝的，彎角突角，引著我們去尋索，一步步發現新的形體，新的事物：在羣葉中 斜臥在情人臂彎 的女子，一隻孔雀在鳴叫，一隻玩得入迷的猴子……彷彿花葉的深處，

▲圖四　第十七窟、第五世紀中期

另有天地非人間，另有我們無可比擬的神秘的光。這，也許就是一切生物的飾物——圓融的美德？

在同一個石窟中應該注意的，是兩對愛侶的刻畫（圖三、十一）。一者是裸體相擁的「美舒娜」愛侶，一者是「王子與夫人」。後者幾乎完全是平面的，色作不規則的塗填，有一種幾何意味的表現；前者則是肢體圓潤柔滑，幾近透明，給人一種愛最確切的喜悅。

另一個最突出的人像應該是「黑公主」（圖十二）。在筆觸上，幾乎綜合了原始藝術和現代主義

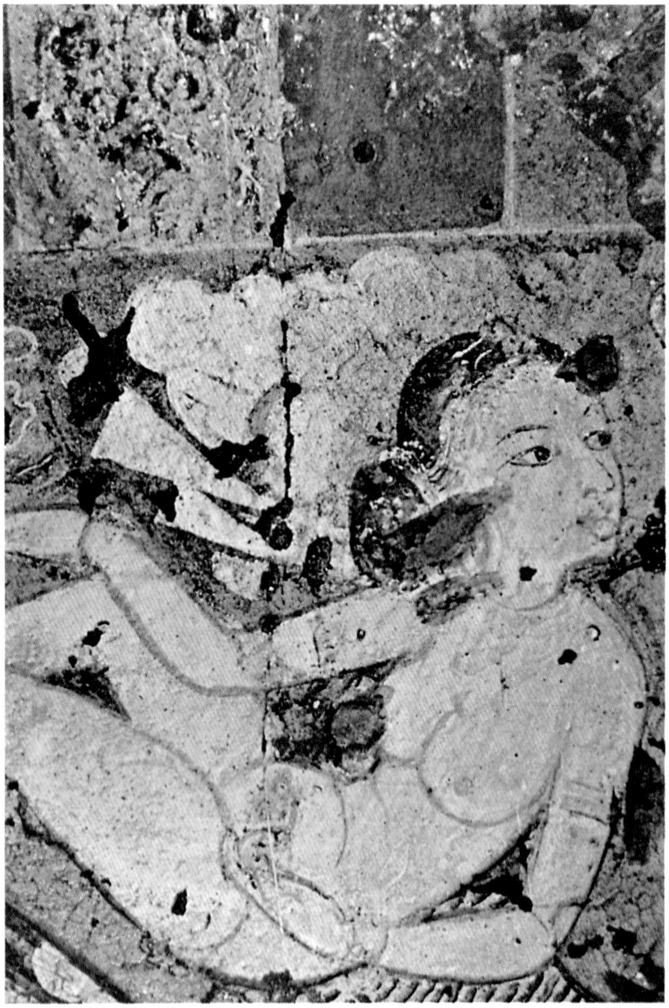

▲**圖五**　臥女　第一窟、第六世紀初期

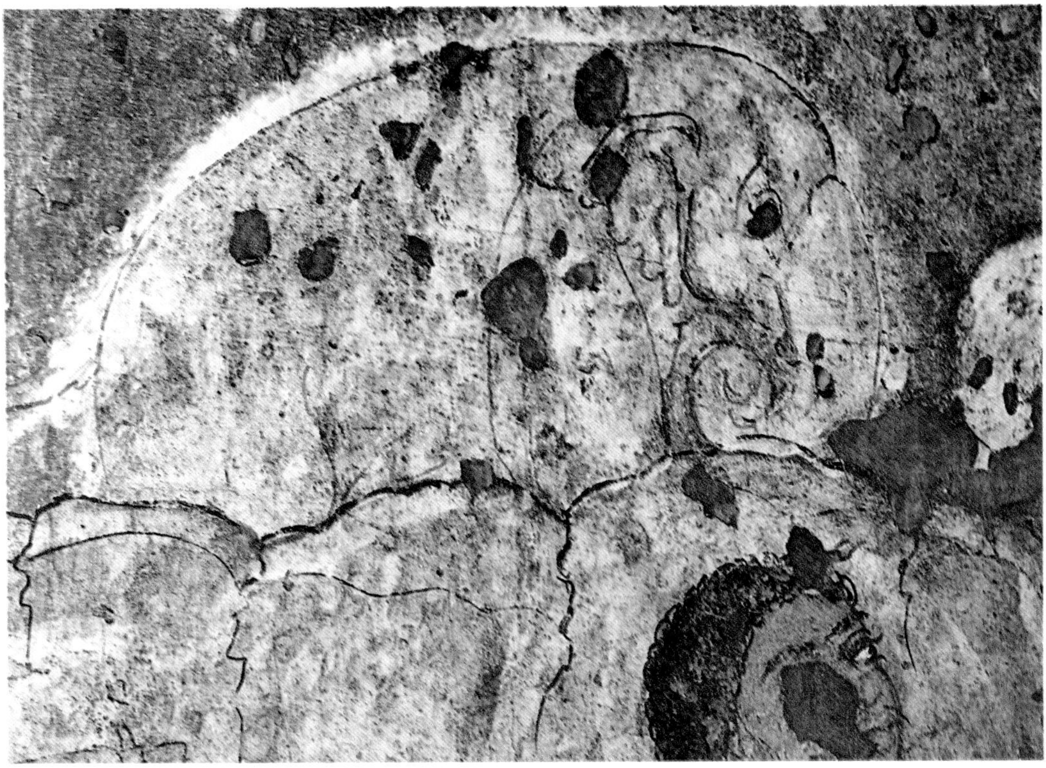

▲圖六　第十七窟、第五世紀中期

▲圖七（右）　信徒與奉獻　第二窟、第四世紀末

中的表現主義。一種非凡的物質實在感，幾乎給了色澤本身完全獨立的存在，而同時又融合爲一種深邃的寧靜與沉思，那公主褚色的瞳，一種退隱入深處的內向的凝視彷彿放射出一種光輝，一種永恆的令人驚異的友善。

5

黑夜包裹著陽光與花朵。

歷史包裹著喜悅與美。

等待著我
等待著你
走入那內向的凝視
走入那訴不盡的豐滿的沉默裏。

歷史的意外 有驚有喜。愛貞德之被 長久地遺忘，彷彿是歷史的一段錯誤 ，然而 ，由於這段歷史沉入了黑夜，反而為這些藝術做了一種意外的保存。窟中一片黑暗，反而保存了古代色澤的完整；不似敦煌等地，據說有些石窟中不少彩色由於照明而毀損淡滅。我們進入愛貞德石窟，只靠著臨時打的不太強烈的照明來欣賞；保管者如此措施無疑是

▲圖七（左） 信徒與奉獻 第二窟、第四世紀末

要把壁畫原來的生命延長。愛貞德之遲被發現，也許是一種福。我的印象是，這裏的雕刻和壁畫，重要的似乎還完璧在原位，不似龍門一些佛像的頭在紐約，敦煌最好的畫和典籍在倫敦。彷彿愛貞德之被遺忘是逃過劫運的一種機遇，讓我們得以從二十世紀重新進入那黑暗裏聽那沉默的詩發出深遠的聲音。

▲圖八　慟哀的女子　第一窟、第六世紀初期

▲**圖九（左）**　菩薩 Padmapani　第一窟、第六世紀下半期

▲圖十（右）　菩薩 Avalokites vara　第一窟、第六世紀下半期

圖十一　王子與夫人　第一窟、第六世紀初期

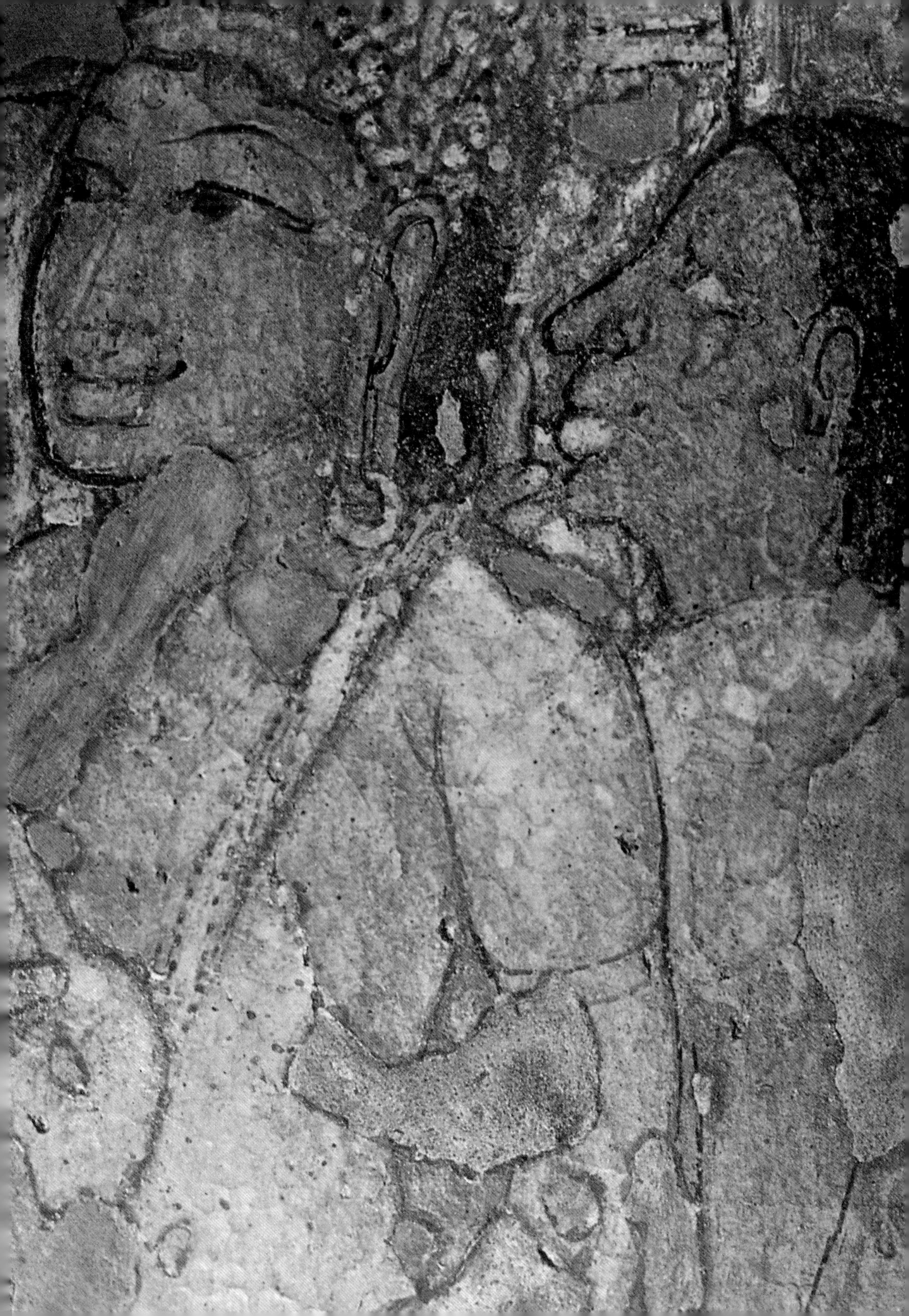

▲圖 十二　Shakti Pandara 第一窟、第六世紀下半期

雪嶺間的微溫．如意谷喀什米爾

夜中，或者是凌晨，我從一種奇異的寒冷中醒來。船屋內，主人彷彿才替我們房中的火爐添過柴火，一股溫暖從房間的中央浮動過來，我們透過被窩，也微微的感著。微溫中一種奇異的寒冷，從喜瑪拉雅山腳雲霧中的冰雪，隨著夜風降臨，再由達爾湖（Lake Dal）輕顫的湖水托送，穿過船屋雕花的窗，滲入溫暖中，把我從夢中搖醒。

好奇異的寒冷，喀什米爾（Kashimir）看不見峰頂、彷彿長久地傾雲瀉霧的環山，此時，彷彿有一種音籟，隨著寒冷躡足而至，訴說著一種屬於中亞細亞谷原的傳說：像一支巨大的玉如意，帶子一樣的碧田綠野在白揚樹的護擁裏，展張成冰雪下最馨麗的山谷。最馨麗的山谷，也就成爲附近貪婪者掠奪爲私欲的最尖銳的對象；由是，蒙兀兒王朝的艾克拜（Akbar），把整個喀什米爾變成他私人夏天的花園、別墅、行宮，把所有的喀什米爾人變成他的園丁；由是，阿富汗把風俗衣飾帶到這如玉的土地來；由是，英國人把歐洲的烹調與茶滲透這谷中某些人的生活；由是，印度與巴基斯坦爲她流血而有持續不斷的爭執。而喀什米爾人說，他們只是喀什米爾人，有自己的語言，有自己的文化，有自己的音樂和舞蹈，在異國人的統治下，訴說著他們

▲木葉落盡的白楊樹，是如此悽清中帶着婉約。如一排巨大的麥穗的枝椏，印在冰寒的的藍天裏

的驕傲……。

在奇異的寒冷中，此時，我心中盪漾著的卻是一些異逸的景色與形象：高空中從雲海上突然再度拔起的雪峰；（這可是喜瑪拉雅山的一個未名的峰頂？）谷底下冰雪漸溶梯形田線逐次的蜿蜒和小川大河多姿的轉折，沒入神秘的雲山雪景中；錫頂斜飛的一些玩具似的農舍間，兩列乾麥草麥穗似的防風林——木葉落盡的白楊樹，是如此悽清中帶著婉約，瀰漫著整個彷彿猶在甜睡的山谷；在滿載雜貨的車所翻起的塵中，褚色、黑色的寬大的袍裾，彷彿斷臂的兩袖，在路的深處，像無定的命運的旗幟，無奈地飄忽著。

我開始重溯昨日從德里飛來的印象。在印度近十天，在輝煌雄奇的建築之中，在南方肥沃的柳林裏，我們始終無法撥去一路上貧窮雜亂在我們心中留下的沉重，那些無奈的眼神一直如影隨形地依附著我們的行程。當我們降落在喀什米爾的首都斯利那格（Srinagar）的時候，在蕭索赤裸的空氣裏，

▲從喀什米爾的首都斯利那格蒙兀王朝的花園看出去，在喜瑪拉亞山腳的達爾湖上，一片巨大無邊的光鏡中，竟是細線一横的堤邊，有一二一筆點畫出來的小舟盪漾其間……

▲從雕花的船屋望出去：奇寒的早晨裏，好靜！好柔！如美！水面暗中閃起微光，幌動著船屋的倒影和遠方的雪嶺，迷離中一片晶白。風折如冰。寒冷的早晨彷彿透明如玻璃，彷彿你去敲它便會發出清脆的聲音

在一些猶甚破落的、猶甚擁擠泥黑的市屋的後面，由一條狹窄的運河開始，突然，左面一片湖光躍起，映照著迷雪迷霧裏插入雲霓的高山；湖的對岸，一排船屋，雕花雕樑雕窗雕欄，如沉思的王子，在水邊低頭看自己的倒影。右面，此時，躍起一排葉雖落盡而雄姿益發的白楊樹，沒想到由高空上看來像一排麥穗的枝椏，在陸地上看來是如此壯美！尤其是，看這密密一排沿湖邊大道彎轉過去的一幅由粗大白樹幹構成的畫面，大點大點黑色的疤節，錯落地，大小參差地，彷似是印好的一幅白底藍花的布匹，懸掛在半空；而每幹獨立看，又似意大利現代雕刻家傑克梅第（Giacometti）拉得長長的人形，佇立在天邊；至於那細如掃帚的細枝，又似魔女向天空不斷伸觸的千手。

白楊樹的後面，陡然拔起的雪山，竟近得彷似在目前。因爲午後不散的雲霧，也許因爲雨雪還要來臨，山是時隱時現，雖然峰頂永遠在天外。地下的雪已經溶盡，此時，忽現的山凹間，我們看到了

大筆大筆雪的流痕和傾跡，在半空中閃爍，像一張龐大黑底白字的狂草。

峰頂永遠看不見，橫雲奪嶺，有一種令人驚嘆的神秘。我們眼前的只不過是喜瑪拉雅山腳下的小山，已是如此高矗，則我們如何抓得住喜瑪拉雅山額菲里士峰的巍峨呢？

我們再向左面的湖看去，尤其是當我們站在蒙兀兒王朝遺下的建築在山邊的花園看出去，夕照的湖面，一片巨大無邊的光鏡中，竟是細線一橫的堤岸，線上數起拱橋，有一二一筆點畫出的小舟盪遊其間，彷似西湖氣象。如果此時在春天，加上一些垂條的綠，則更加形似。達爾湖的夕照中，遠處此際是雪山環抱，前景是一座獨立山頭的城堡，好一個森嚴的堡影，垂天幕地的在遠方顫動著。我們曾經從三個不同的花園看出去，都各有一股不同的氣象。印度十天來的沉鬱，在這些美景中一掃而清。

在景色與園遊之間，擁來了不少喀什米爾人。我們被小孩子們包圍著，東扯西扯的，向我們兜售

▲達爾湖的水鄉風光到處可見

皮帽、皮衣、皮手套。他們眞會纏，殺價的過程也很煩人，成交之間的價碼差別則驚人。我們各人都買了一頂。同行的莊喆戴起皮帽來，加上他雄糾糾的鬍子，儼然一阿富汗王子，鶴立在他的子民中央。

我對於一路上看見的斷臂披袍，兩袖在空虛中飄拂，很好奇。現在有機會看清楚了。原來，他們爲了取暖，每個人兩隻手都抽離衣袖，在袍內抱著一個「炭籃子」，男男女女的肚子都挺挺的，看起來很怪異。現在是冬快盡而春將至，他們還要隨身捧著「炭籃子」；隆冬的時分，他們薄薄的衣衫將如何去敵住那喜瑪拉雅山的奇寒呢？

北國高原的冬夜來得眞快。我們在黑暗中趕至渡湖的碼頭時，彷彿已有子夜的感覺。我們摸上了渡湖的小舟，達爾湖的「水上計程車」，甚麼都看不見了。只聽見搖櫓的水聲，起落有度。搖櫓。對岸船屋的燈影。一點稀薄的星光，在水中搖曳不定。有一些秦淮河的味道，只是對岸沒有「後庭

◀達爾湖上的水上計程車，色彩鮮麗如乘客

花」的歌聲。

對岸是雕花雕欄的船屋「喀什米爾王子」在等著我們；船屋中的雕桌上，在四壁古董、一房水晶燈的映照下，是精緻的英式餐具和歐式晚餐在等著我們；是船屋的主人親切和藹地等著我們。

彷彿是計算好的，我們才用了餐放下茶杯到船屋大廳的火爐邊舒伸，一大堆船販已經搖舟泊岸，帶了皮草的成品、玉石、珠寶進入船廳來，熟練地一字排開，用他們三寸不爛的舌，說得大家心癢癢的。我們有物換物，有錢花錢，上當的，未上當的，折騰了一夜。氣氛竟有些似絲路上的商人，還價殺價，也蠻有個樣子。只是我們這羣人都是書生，終於被殺得個落花流水而猶快樂興奮異常。大概是醉翁之意不在酒，那股擬似的交易，實在是一種遊戲；而這羣書生，本來一路上事事都已經像好奇的小孩子，如今在浪漫氣氛特濃的船屋裏，正好享受這一刻擬似的天方夜譚。

在奇異的寒冷裏，現在已經無法再入睡，一股未完全發揮的興奮，隨著晨光汹湧起來。我便披衣出船，站在雕花的船欄上，凝望薄薄的晨光中的遠方。妻慈美此時亦已裹衣出來，禁不住一聲：好靜！好柔！好美！水面暗中閃起微光，撓動著船屋的倒影和對岸一些建築的倒影。遠山在雲霧游離中一片晶白。風冰如折。寒冷的早晨彷彿透明如玻璃，彷彿你如果去敲它，便會發出清脆的聲音。這是一種滿溢著語言的沉靜，豐富得你不知從何開始選擇你的語字。

啊，這些可是從湖上早晨市集歸來的小舟？這麼輕柔而快捷的馳行，這麼帶韻律的搖櫓，竟未撥起一絲水花！這麼平靜安詳，看不出它曾是喧鬧的水上市集的一份子。

從棧橋這邊看過去，好廣闊的湖面。晨霧幾絲從水草間升起，是靜中唯一的活動。不，還有一葉小舟，在湖心中蕩漾。是誰，這麼早，便發起了蘇子泛舟的遊興，向喜瑪拉雅山傾瀉下來的雲霧划去？

▲充當旅館的雕花的船屋

喧鬧終於來了，昨夜的船販其實很早便來到船屋的碼頭等著，靜靜的等著。此時看見人都出船屋來了，也就禁不住開始兜售。我們是來看風景的，對於他們的纏，有時未免覺得煩人。但另一方面，想到他們生活的艱苦，他們所得的菲薄，及公司可能對他們的剝削；我們看見喜歡的手工藝，也酌量買一些。

由是，我們在船販的夾護下，從船屋渡湖到對岸，再接上車子往高山城古爾馬（Gulmarg）瑞雪去。

我們再穿過斯利那格城。也許是前數日溶雪的關係，許多小店前都是爛泥遍地。泥黑的小店、破落的住宅、髒亂的環境仍是不少，但比起加爾各答、孟買、德里舊城「腐屍的屋宇」那種情形，還是有相當的不同。喀什米爾人給我們的感覺，是經濟落後的貧窮；在印度本身，則似乎已經成爲一種無法反省的「第二自然」了。

一般來說，這裏的船販等雖然纏得有些煩人，還價殺價也不見得誠實；但我們覺得他們仍有欲求改進生活的希望，眼睛似乎還閃著較眞摯的亮光。至於我爲什麼有這個感覺，我一時也說不上來。

出了城，兩排看不盡的木葉落盡的白楊樹，襯著遠遠陽光下晶白的雪嶺，和兩翼蕭瑟空蕪的田景，完全是寒澀的味道。背景孤寂荒寒，兩排光禿禿的白楊枝椏，也孤寂荒寒地伸入高天，遠處一個斷臂披袍兩袖飄拂看不見臉的獨行人，神秘、異乎尋常、超乎現實，而在一定的光度下，更見絕秘。這不就是同行何懷碩最常表現的畫境嗎？果然，沮喪了數日的懷碩，忙得不可開交地搶拍樹景，並說：「沒想到我在畫中造的境，竟在這裏大量出現。」懷碩的畫全屬孤寒、荒澀、空野、怪異、神秘類。也許更近他畫境的，不是白楊，而是田疇間一些彎曲似蟲的老樹，大概是由年年斷枝發新芽累積而成。現在帶著新發幼枝的老樹，在略帶一些雪跡的荒涼無人的田野上，像怪手舞天，奇絕的形狀變化多端，相當搶眼，可以和美國阿里桑那州大漠上的巨手仙人掌相輝映。

不久，見遠山飛雪，高松落絮；前景是雪跡猶在的空田，遠景則一片絕白。在斜傾的白裏，點以農舍，寂寞中有一種輕細的飄動，寂寂中有你我靜心可以聽見的微音。

此時，我們必須換吉甫車或騎馬上山，蜿蜒緩進。一路上雪中留蹄，聽高松落雪，看冬鳥驚飛，彷彿眞正可以感到自然跳動的脈搏，或聽到深雪的回音。裹在厚實的棉衣裏，忽然，在腦中亮起的，竟是數日前在孟加拉東南方椰林內印度女子穿著流麗的紗綸(Sari)進入池塘的晨浴。雕塑著巉岩的天候亦雕塑著我們的行爲與愛欲。在深雪中，在絕靜中，一片空清是心中一片的潔靜。

到了古爾馬，車才停定，一羣當地的小孩子便蜂湧過來，搶著要用雪橇把我們拉到半山的餐廳去。雪橇，已經不知多少年沒有接觸了。記得女兒蓁很小的時候，在美國一個大學城的雪地上，我經常用雪橇拉著她，在結冰的湖上飛馳，穿梭於另一些人冰刀的旋舞之間。現在，自己坐在雪橇上，由別人拉動，作一刻的返老還童，也不能不說是一種禁不住的快樂。白茫茫的雪絮中，一點點的黑影在其上流動，彷彿在莫大的死寂裏，忽然整個世界都活動起來。

雪花打在臉上，是一種冰冷的熱刺；切濺的冰屑，射入褲管，是一種透心的清明。那幾乎看不見輪廓的白，往雪橇後隱退。輕快、興奮。拉雪橇的小孩子額上微露汗粒。高山的空氣太稀薄了，看他們拉緊的呼吸，太辛苦了。我們下來走了一段。然後，我們忽然想起，坐雪橇反正是鬧著玩的，我們何不換一換，由我們來拉他們呢？雪橇切著冰雪，一種折裂的清音，應和著我們的奔跑，應和著我們拉緊的呼吸。

我們終於站在不勝冰寒的高處，在白樹的環抱中，俯視找不到盡頭的白、白、白的雪坡。天是一片白，地是一片白，那些現在看來只像矮叢的松林也是一片白。在這不勝冰寒的高處瑞雪，彷彿是站在天宇下看不見圓周的中心，在無限空無裏去感印自己的渺小。在這不勝冰寒的高處瑞雪，也是沉入無法量度的寂靜裏，在大寂中去聆聽自然從未停奏過的天音。

來，讓我們已經冰紅了的手，握一杯熱騰騰的咖啡，一同望入這個豐溢的茫茫裏。

看泰姬·瑪哈陵的三種方式

■遊客看泰姬·瑪哈陵

我們才穿過巍峩的紅沙石建的泰姬門，眼前豁然展開一片清明，尤其是現在陽光普照，一片亮麗，一物接一物的伸展過去，好一帶潔洌的花園，

一條接受著陽光的鏡池，由大理石的池沿閃耀入遠處，反映著蓮花、菊花。晶光，白石，黃花印染在不涉一塵的絲帛上，引領我們朝向鏡池的盡頭。

此時，平靜透亮的水中，顯現微微搖幌如紗絹隨風拂動陵寢的倒影，柔軟，溫馨，一如陽光照耀

▲平靜透亮的水中，顯現微微搖幌如紗絹隨風拂動泰姬．瑪哈陵的倒影，柔軟，溫馨，一如紗帳中猶未醒轉的睡眠

下微顫的蓮花，一如紗帳中猶未醒轉的睡眠。

鏡池的盡頭，藍天的緞上，鎮坐著矗天的泰姬．瑪哈陵，一片晶白的大理石，應該是沈雄重實的，竟是如此的輕盈若舞。是如此的美，我們幾乎不敢行近她，生怕會把迷符打破。啊！這座令人心蕩著迷的存在，我們該怎樣去描寫她呢？這座大理石攀天的陵寢，應該和米蘭焰耀巧雕的大教堂比擬嗎？不，米蘭大教堂陽剛有餘，陰柔不足。泰姬．瑪哈陵的迷人處，在於它把陽剛的大理石柔化。這座沈實的陵寢，與其說是石的構造，還不如說是布魯塞爾花邊的象牙建築；牆上精緻的浮紋和線圖，與其說是雕刻，不如說是由花邊織成的垂幕。

啊，多細緻的雕工！多細緻的思考！要紀念愛濃若深井、情傷賽寒鋒的瑪哈皇后（Mumtaz Mahal），札汗帝(Shah Jehan)爲要能把他們兩人的濃情蜜意、把瑪哈皇后使他夢寐難忘的萬種柔情和典麗作永恒的捕捉及傳諸後世，他選擇了風雨不壞的大理石，他選擇了輕盈若舞的鑲工與雕工，化陽剛爲陰柔。如果說，白居易的長恨歌把楊貴妃的嬌柔傳諸後世，札汗帝花了十年六個月才建成的泰姬·瑪哈陵則是更偉大的大理石之詩。愛濃若深井，情傷賽寒鋒。是的，深情是無可量度的。札汗帝建的泰姬·瑪哈陵，不完全是因爲大理石的建築上裏裏外外嵌鑲著碧玉、紅寶石、琉璃、藍寶、瑪瑙、血髓石……（這些，無疑也代表了一種獻禮，一種華貴富麗的定位），但更重要的是附在整個陵寢的情感，此恨綿綿無絕期的情感。

■ 扎汗帝看泰姬·瑪哈陵

濃得化不開的愛中帶來了「恨」，不是札汗帝與瑪哈后之間的恨，而是札汗帝後半生的悲慘收場。

照札汗帝的羅曼蒂克的想法，在扎毋納河（Jamuna）的左岸，要建一座全黑的大理石陵寢，作爲自己的托身處，與右岸他的愛后瑪哈全白的陵

▲被兒子囚困在艾格拉堡的札汗帝，日日夜夜，白日在陽光下，夜間在星月裏，對着遠處的泰姬·瑪哈陵作長長長長的痛苦的凝視。

寢相唱和。這個夢不但沒有完成，而且還鬱鬱終日，隔河遠望泰姬．瑪哈陵，眞是「泰陵隔河相望冷」（如果有雨，則幾乎是「泰陵隔雨相望冷」），望著，回憶，腸斷而終。

故事的開展，完全在他意料之外。在一次突發的病中，他最小的兒子奧蘭格利（Aurangzeb）發兵把他擒去，困在艾格拉堡中（Agra Fort）。原要繼位的長子達勒．西柯（Dara Shikoh）和其他的兒子通通被奧蘭格利刺殺死亡，只有放過札汗帝的愛女札汗．愛拉（Jahan Ara）一人來侍候她的父親。時爲一六五九年。

奧蘭格利也够殘忍的。因札汗帝的艾堡的窗，正向著遙遙在目、晶光燦然的泰姬．瑪哈陵，讓多情的札汗帝朝夕在甜而復苦的記憶的泥沼中翻騰，不知有多少嘆息和眼淚在艾堡的窗前散落！不知有多少次企圖在可蘭經的頌聲中求取一種超昇，投過荒蕪的距離，進入泰姬．瑪哈陵的棺槨裏！望著陽光炙裂的長天，望著永遠輕柔的泰姬．瑪哈陵，回憶著纏綿的時刻，快樂的記憶很快被切斷的時間擊倒，他頹然，他悒鬱，他傷痛欲絕，他什麼都沒有了，他等待著死的來臨，等待著它的慧劍把記憶中的愁絲斬斷，等待著它的黑幕把泰姬．瑪哈陵從他眼中遮蓋過去，但又不忍。如是，白日在陽光下，夜間在星月裏，他，對著泰姬．瑪哈陵作長長的、長長的痛苦的凝視。

■ 泰戈爾看泰姬．瑪哈陵——給札汗帝

這，你早就知道，札汗帝，印度之王
生命，青春，財富，聲名
都會隨著時間的狂濤流失
由是，你唯一的夢
是永恆地庫存你心中的痛傷
皇權震耳欲聾的雷動

像落日艷紅的光華
將滅入睡眠的深層裏
就讓深情的嘆息、永久的嘆息
停在沉沉的天空裏
翠玉、珍珠、紅寶的爍光
像虹，發散入
空無的天際，消失
消失，你唯一的希望，如果
一定要消失，就
留下一顆淚珠
在時間永恆的臉龐上白熠熠地閃亮
泰姬・瑪哈的陵墓！

唉！人心！
往往是
沒有時間去回顧
沒有，沒有時間
你總是被泛濫的生命驅行

行行重行行
行而復止，止而復行
在這裏上貨
在那裏下貨
在你園中溫和南風的嗡嗡裏
春藤盛放
滿溢你一膝一襟微顫的花朵
而黃昏來時
竟是一地的塵瓣
你沒有時間——
你在另一個夜的寒露裏
種出新的花，新的茉莉
來綴一個淚濕初冷的花籃
噢，心
你搜集的一切將失散在
日的盡頭，夜的盡頭
你沒有時間去回顧
沒有，沒有時間

由是，札汗帝，你怯然的心
便欲偷竊時間的心
用美的惑力
那不朽的衣衫，那承受著
無形死亡的衣衫
是如此的壯麗，如此的花環四展
長年滿月的傷痛
你無法支撐，無法持續
由是，你把無間的哭泣
關在永恒沉默的網裏
而在月夜，在那秘密的石室中
你輕輕叫喚那名字
那濃情蜜意的名字
彷彿向永恒的耳語
愛，那尖銳的溫柔，是
一朵花，詳和而美地進入了大理石
詩人，皇帝

這是你心中的一張畫圖
你新的雲郵
以史無前例的神音妙律
飛入雲外的異域
那裏，你的愛
融和著第一線曙光
最後一絲夕陽
佳花明月伴照下解體的美
融和著肉眼看不見的門檻
這美，就是你的傳信
逃過了時間的斥候
傳達著你「永久不忘的愛的記憶」

札汗帝，如今，你也走了
你的帝國如夢滅
你的皇座已礫碎
你震撼全世界的軍隊
已經是德里路上的風塵

囚犯再不爲你歌頌
你的音樂家也不再調音合樂
你宮廷中女子足踝的搖鈴
已經從殘垣中隱滅
牆角裏只有蟋蟀的
夜歌泣動了天空
但是啊，你永恒的傳信
不管多少帝王生滅
不管多少生死起落
一年又一年
一代復一代
那樣訴說著那永久的信息
那「永久不忘的愛的記憶」

永久不忘？謊話！謊話！
誰說你沒有把
裹著記憶的囚室打開？
誰說你的甚至今日仍能
抵住歷史黑暗的來臨？
誰說甚至今日它仍逃過了遺忘的刼運？
是的，記憶盒中能保存的
只有死亡
誰能保存得住生命呢？
星羣呼喚它：喚它入天空
邀它到新的世界，到
新的曙曉
記憶之結打開
在宇宙各種線上流走
札汗帝：塵世的王國無法保得住你
則整個海濤四起的自然世界
也不能供養得住你
由是
當你生命的曲子完成了
你即把世界一腳踢走
正如你踢走一個破泥碗那樣
你，比聲名更偉大：

也許更多的是從
你靈魂的戰車行進時溢出
你的遺物躺在那裏，你已經化滅
那無法推前的愛
那用自己雄偉的寶座
阻礙著前路的愛
再也無法黏附著你；它彷若
你腳上的微塵，帶著親蜜
纏繞著你
就這樣，你還給你身後的塵土
而傷痛的種子
由你心的感情吹動著
從你生命的花環落下
你行向遠方
那不死的樹緩緩生長向天
彷彿用沉鬱的調子向我們這樣訴說：
「遠看近看都一樣
行者已去
愛人保不住他
國土釋放了他
山擋不住，海擋不住
他的座車
應著夜的呼喚
馳向歌唱的星帶
馳向晨曦
唉，只留下我滿壓著記憶
他已仙遊遠去，了無牽掛」

嘉齊靈合：狂喜的藝術

嘉齊靈合（Khajuraho）的二十餘座廟，聲名遠播，雕刻建築的專家固然知道，卽一般安排觀光印度的旅遊事業，在他們的行程中，幾乎都會毫不例外地把嘉齊靈合包括在內。這是因爲雕刻建築藝術的超絕之外，嘉齊靈合另有「盛名」，這便是旅遊事業大事宣揚的「性浮雕」；事實上，他們的廣告用語乾脆用「性廟之旅」來吸引遊客。這不但在印度之外的旅遊事業如此做，則在印度之內亦然，早在我們抵達嘉齊靈合之前，在印度其他的城市裏，小販向我們兜售的往往都有嘉齊靈合的照片，而這些照片所標點出來的，全是性的雕刻羣。

無可否認，嘉齊靈合廟內廟外壁上的性愛浮雕，其百無禁忌程度，確是開放、大膽。如果純用俗世的眼光來看，甚至可以稱爲超級的黃色。問題在：我們應不應該用現代俗世的道德尺度來看。性愛與靈性的昇華，在古代，尤其在印度，好像另有一種深層的意義。我在這方面沒有研究，決定在這篇描述所見印象之後轉述一些專家的意見作爲一種

▲嘉齊靈合的廟宇座落在花園中

備考。

其實，嘉齊靈合有點被「盛名」所累。有兩點可以說明。第一，嘉齊靈合廟羣上的性愛浮雕，只是眾生相浮雕和別的雕刻的一部分而已。第二，廟壁上密密麻麻的浮雕，一排排神祉仙女的排立，自然、秀麗、豐富，刻工奪目璀璨，觀者只覺美的湧現，沒有邪念的翻騰。這起碼是我們接觸的印象。

彷彿是約定似的，我們來到嘉城那一天，陽光亮麗，而廟羣所在地現在是個公園，綠草紅花，城又有別於一般髒亂的印度城市，竟是非常之乾淨明快。在陽光微顫的紗窗裏，廟，尤其是干達利亞·瑪哈德華廟(Kandariga Mahadeva)如帶尖塔的山峯，一峯攀著一峯的塔影，升入天藍裏。一峯攀著一峯的飛升，大抵仍是取象於喜瑪拉亞山的高峯凱拉撒，溼婆神的居所，象徵溶入無限、永恆之中。其他的廟宇的飛勢亦可作如是觀。不管是最美的拉克殊曼那廟(Lakshmana)，還是建築特別雄偉的干達利亞廟，和其他二十餘座廟的基本造型，都按照

▲行獵圖（拉克殊曼那廟飾帶浮雕）

印度其他廟宇一樣分為主廟、聖堂、奉獻所、舞室四進，一進一進的攀升，由主廟帶領。廟座石上除了各種雕刻外，都有一帶浮雕繞著座石，本廟上另有別的飾帶，飾帶上都是浮雕，浮雕的牆上，有雕欄式的花樓或窗門，和浮雕互作光影的玩味與演出。最典型的我們可以拿建於十一世紀的干達利亞廟為例。門楣是糖環式的工雕細鑿，把大理石的光滑和環上的飛天及一些裝飾性的圖案溶合得非常自然。在外壁上，先是三列廻廊的浮雕，典雅、細緻、神采飛揚；然後是另一些刻著一些神明的花樓、廊柱、門窗；再往上看，如帶着千眼的菠蘿的旁塔（每一個菠蘿眼則另有雕飾），一個堆叠一個層層的高昇。斗拱間或隱或現都是飛天。

其他的廟宇給我們的感覺都很類似，細節上當然有很多分別。有些廟，譬如耆達拉岌多廟（Chiteragupta）的天花板，刻出一圈一圈的幾何花紋，如石落水面的漣漪散開，非常有韻律；又如昆瑟筊（Vishnv）廟中供奉由男女性器合成用大理石

▲教示圖（拉克殊曼那廟飾帶浮雕）

刻出的靈幹(lingam)，深沉中有一種莊嚴的氣氛。

但整個來說，嘉齊靈合廟羣的雕刻與浮雕都有節慶的歡樂感。這些雕刻與浮雕，大抵都是取模於當時的生活情態，生活性向與信仰崇拜的儀節。起碼，我們從拉克殊曼那廟感到的是如此。在建築飾帶上，在廟壁上，除了多得幾乎要溢出的圓鼓鼓、充滿活力、嫵媚萬種的女體外，我們也看到在享受著歡樂時光的舞者、遊唱人、奏樂者、狩獵場景、士兵、馬、駱駝的行列，家庭生活、老師與學生、雕匠的工作，和性的狂歡……都是當時生活的眾生相。

▲廟的外壁先是飾帶上的浮雕，繼而是幾列廻廊的浮雕，襯以花樓、廊柱、門窗，再往上看是層層旁塔高昇

其中最令我迷醉的，是一廊一廊一帶一帶的飛

天的女體的浮雕。這些仙女，眞是神態萬千，不管是立體的雕刻或是半浮雕與高凸浮雕，都非常典麗、性感、動人。她們或從柱石上輕飛，或旋廻天花板上；他們的胴體豐滿而腰肢婉曲，臂微鼓如見體氣運行，一股青春或春意盎然的活力躍焉牆上，她們婀娜多姿，而多姿中時具挑逗意味。作爲神的侍從，她們時而合掌，時而把鏡含情，時而輕解羅衣、輕觸酥胸；或晨起畫眉，或把濕髮擰乾、或帶銀鈴的踝鐲閒來吹簫，或累了微打哈欠。他們生活的體態中，還包括玩球、背盛水器，奉獻蓮花，和（廟雕刻者想得到）低頭謹愼地、輕輕地把刺從腳板底拔出……。啊，別忘了，還有那個把紅漆點畫在腳底的舞者。在全裸與羅衣輕解之間，胴體擺出種種動人的體勢，婉曲得那樣流麗自然，依著她們彈圓的胸脯，依著她們蜂細的腰肢，依著他們如舞的臂彎，依著她們眉目傳情的韻律。她，或對愛侶的欲看還遮，或對他全神的凝注、或怒眉一展以冷目相迎，或情洶湧而沓舞。

這些飛天和其他浮雕都那樣躍焉如生，它們彷彿從石中飛湧出來。它們不是刻好後放置石上，而是由一大片石山以高凸形式浮雕出來；它們雕鑿之工，就如葡萄從枝上生出來那樣自然。

至於神情的捕捉，在這些廟羣上，可以看到相當大的幅度的變化。可以想像的，在前面提到的眾生的形相，變化更多更大。舞者、奏樂者，衣帶迎風的溫軟，一面直進飛天的柔麗，一面呈現一種化入天籟的沉醉；而說到沉醉，雲雨中的相擁交合的浮雕，則是另一種的昇華之美，所謂「美舒娜」——愛侶由撫愛到交合——在陰陽相合的自然大化裏，應該是聖潔高致的性的靈合。

但雕刻者的視野是廣闊的。眾生相裏，不盡是輕而美，柔而靈，也有種種反自然的活動，和宗教莊重以外的詼諧。所以便有反自然的性的呈示，在人獸交的一個浮雕中，便有人不欲觀而掩面。其次，如倒頭栽方式的行房，或近乎特技式的倒掛交合，和縱慾式的多人戲，我們可以看見旁邊的奴婢

▲拉克殊曼那廟飾帶上的眾生相(四)

▲廟外壁上浮雕之一

轉頭他看……。在莊嚴而有時甚至凶光四射的一些神明如毘瑟笯和溼婆這些雕像之外，我們還可看見詼諧的形相，如拉克殊曼那廟前王子獵獅的雕刻，王子只是個嬰兒大的「武士」，被看似鬆毛狗的獅子臨壓著，簡直像個玩具，看了令人發笑。其次，我們還可看到一對男女，纏綿相擁中，並沒有忘記設法把纏繞在身旁的猴子遣走……。事實上，人生百態中，這裏可以看到九十九種，而各種的神情神態都兼顧到。這裏當然還包括神話的動物，人頭獸身，鳥頭獸身，四臂的毘瑟笯，馬相化身的溼婆，或陰陽性徵都具有的 Ardhanarishvara（溼婆的另一化身）和各種崇拜的圖像和事物。

在這些眾多的雕刻和浮雕中，最奪目的當然是前述的柔情萬種的飛天和性愛浮雕羣。這些仙女之特別動人，除了我描述過的種種神情和體態外，是印度人體雕刻中出名的「三折腰」，即S形一體三彎的體態。這個簡單的形狀，通過女體，沒想到有如此之魅力和韻味。看著一壁各具其姿的「三折

▲廟內壁浮雕之二

腰」，突然，數日前夜裏看到的一場印度女子的舞蹈，竟在這些石浮雕上活現出來，古代現代彷彿完全沒有阻隔。

現在我們來試試答覆那耐人尋味的問題：爲什麼性愛的雕刻那樣大量地集中在嘉齊靈合這廟羣來？性愛的雕刻，當然不是印度所專有，古希臘和小亞細亞的古蹟中都時有所見；則亞洲其他國家的民俗裏（包括中國）也有跡可循，譬如泰國和日本都有男性性器崇拜的廟與節日，我說過，男歡女愛是人之大情，沒有什麼應該大驚小怪的；但這些現象作爲如此集中、如是開放的呈現，自有其歷史的緣由。這不是我的專長。就讓我借拉·那蘭（La Narain）的一本書「印度雕刻中的狂喜」中提出的意見，抽出一些看法，給讀者作參考。

首先，拉氏認爲，性與宗教的結合並非建這些廟的統治者禪德勒人（Chandellas）特有的信仰。對於這些性愛雕刻，向來意見紛紜。有人說是反映當時社會道德的淪亂，有人認爲它們是歌頌終極神

▲拉克殊曼那廟飾帶上的眾生相㈠

性陰陽兩面之結合，但後者無法解釋人獸交，多人戲的性狂歡，和性器暴露的行爲。又有人認爲，這是「克慾得道」的試煉，但這個說法卻又與陰陽結合之說牴觸。性與宗教的息息相關，似有更深的歷史、宗教、社會與經濟的緣由。

考古學家的發掘，早已找出古代種種性器崇拜的石雕。在印度中原銅器時代的瓶罐和金板上都有男歡女愛的形象，包括女子跨式做愛的母題。總之，古代的藝術裏，男歡女愛是常見的形象；在印度，甚至在絕慾的佛教廟宇中也有出現。古代宗教信仰中性愛的形象大概和古代社會關心生命的保存和延續有密切的關係。初民，因著食物與繁殖的需要，往往賦與性一些神奇的力量。性可以避邪、消災和保證快樂和繁榮。大概有四種方式：㈠通過性交的儀禮或神祉的婚配；㈡男女性器的崇拜；㈢用髒話（以毒攻毒之意）；㈣性愛作爲裝飾的母題。

初民深信性的靈合神奇地使土地肥沃，使動植物成長。據說，德國和荷蘭的農民仍然有人在剛下種的田上交媾以求豐收。在古代，女子交媾時的角色被視爲極其神聖、神奇和有效的。至於男女性器崇拜的古蹟則太多了，在巴比侖、希臘、埃及、蘇聯、東歐國家，英國都有跡可循。我前面也提到日本、泰國；其實，東南亞、大洋洲、非洲，都有旱災過後由男女互唱歌頌繁殖相當露骨的性歌，也可以說明古代宗教與性的關係。

但性愛母題大量做裝飾用，據拉氏的說明，有經濟社會發展和秘教對性獨特的看法兩方面。在公元一至三世紀其間大月氏之庫善族在北印度建立龐大王朝，與羅馬、伊朗及漢朝有大量的貿易，一面帶進許多外來的藝術母題，一面因商業的供求關係，使性愛的母題普及化，則連佛教的建築和石窟藝術(包括愛眞德 Ajanta 石窟)，都有普遍刻飾。五至九世紀年間，印度的經濟社會轉向封建制，不少封主，爲了鞏固權勢與威信，大量刻建廟宇，同時把統治者神化。在這個過程中，不但民間神秘的信仰成爲廟宇上主要的裝飾母題，民間的生活，充

▲拉克殊曼那廟飾帶上的眾生相(二)

滿著活力與性感的生活，也被大量地刻劃。這時，廟可以說是一種包涵了宗教和社會、文化活動的機構，而廟的主持便彷如贊助這些活動的地主。這些廟宇中經常寄養著成千的僧侶、祭師、樂人、舞者、花司、devadasis（廟姬）、美容師等，另設店舖、旅館給朝聖者駐留，可見廟宇在當時所發揮的作用與力量。

這樣一個機構慢慢變質了。廟的主持生活靡爛，甚至走上荒淫之路。廟姬逐漸成爲僧侶、祭師的廟妓。廟的主持不但與廟妓有性的關係，他們和上流社會的一些婦女也暗通款曲。嘉齊靈合的拉克殊曼那廟便有這樣一幅浮雕：一個坐在羅傘下寶座上的修行者看著一個女子挑逗性的舞蹈。顯然，到九世紀到十二世紀之間，在廟堂中作酒池肉林式這些屬於俗世的表演已經被大家所接受。

另一個促使性愛母題溶入宗教藝術的源頭大概與當時盛行的秘教 Tantrism 有關。這個秘教把民俗信仰中的性觀念和精神的層面結合爲一。性有著神奇的昇華的力量這個想法由第五世紀開始便大大地影響到印度教、佛教和耆那教。（葉按：西藏、尼泊爾一帶的「唐卡」畫Tanka和北京的雍和宮刻劃的「歡喜佛」，卽是源於 Tantrism 這個信仰。）根據 Tantrism 的說法，性是解脫生死輪廻的捷徑之一。幫助修行者達到正果的事物包括有「魔咒」、「秘圖」、「曼荼羅」、「護符」和「手勢」。他們認爲道之陰陽的具體化卽是男與女，所謂修行卽是克服二分法而進入不分的至境。一般的性合只有暫時的快樂，秘教中的性合則是一種靈合，是一種聖儀。修行的男是神，女是女神，他們通過聖儀而靈合。據說這個靈合還牽涉到種種相當困難的抑制和紀律。修行者經過酒、魚、肉的奉獻之後，通過手勢和「美舒娜」（性合）的演出而進入至境。這五個步驟據說常常被後人歪曲和濫用到「唯性是道」的地步。

不管怎樣，這個理論無疑爲當時的性愛藝術作了重要的支持。因爲離嘉齊靈合附近八十公里的地

▲拉克殊曼那廟前王子獵獅的雕刻，非常幽默

方，正是 Tartrism 的中心。建這些廟羣的禪德勒人把性的狂喜和宗教的狂喜溶合爲一，並不值得奇怪，更不是一個突發的現象，而完全是有跡可循的。

尼泊爾聖河觀浴記

在印度梵蘭那斯(Varanasi)的時候，眞不巧，碰上了種族的衝突和械鬪，全市實行戒嚴。我們來梵市的一大目的，是要看萬人在恒河聖洗晨浴的壯觀。因爲戒嚴，我們只能在遠郊恒河的另一頭遠望：濁濁的恒河，幾條小舟，幾家在岸邊披布爲屋

流蟻似的蹲在爛地上的窮人；宮前貴族與窮苦大眾共浴一河的偉大場面終於無法看見。沒想到，在尼泊爾首府萶滿都（Katmandu）城郊帕蘇帕丹納(Pasupatinath)地方的巴格瑪蒂河邊(Bagmati)，我們看到了另一幕多彩多姿的聖洗場面。

蔓茂的神秘

出發的時候，天氣竟是那樣溫和舒暢。蓋滿都座落谷中，環谷是一帶喜瑪拉亞山較低的雪嶺，此時竟然沒有逐來寒氣。事實上，昨日在去古城帕丹（Patan）和巴格安（Bhadgaon）的路上，一谷的田野正是春意瀰漫，綠草黃花，一線線，一叢叢，錯不成規地，一路嬉戲到猶甚殘破的農舍，有些中國農村的樣子而又令人覺得陌生的房舍，黑黑的，矮矮的散落在綠谷裏。

看着這些還沒有受太多現代文明所污染的田野和谷村，一片安祥和與外界無涉的平靜，我當時心裏在問：就是這些遙遠的村谷吸引了六十年代大批美國的嬉痞棄家棄業、如癡如醉地來此作精神解脫的追尋嗎？當時，尼泊爾和 Shangri-la（世外桃源）幾乎是同義字。詹姆氏·希爾頓小說「失去的地平線」裏寫的「世外桃源」是西藏，也許因為西藏和西藏所代表的種種精神的超昇當時都被關在鐵幕裏，在喜瑪拉雅山下西藏的近隣尼泊爾便順理成章地成了他們追望的對象。（不丹、錫金當時並沒有對外開放。）

尼泊爾，對這些在現代文明中感到疲憊、擊敗、失落的人們來說，好像代表了超絕遙遠、不可企及的精神的高峯，（我們記得，印度教中的大神溼婆的聖山就是座落在喜瑪拉雅的凱拉撒峯上。）這，不但指距離上如此；在實際的宗教文化上，對他們來說，尼泊爾也是集神秘之最：西藏的曼荼羅，唐卡畫（Tanka）所跡現的 Tantrism 秘教（如性交是解脫生死輪廻的捷徑之說），密宗，佛教，尤其是喇嘛教，印度教的諸種靈通與道通的經驗，都在尼泊爾交匯發生，無怪乎六十年代美國的求解脫者如此的趨之若鶩。

但對我們來說，感覺是異樣奇特的。尼泊爾，好像熟識而又非常神秘。好像熟識，大抵是受了學生時代地理課的影響。尼泊爾的名字，小學時代便琅琅上口了。尼國既接連西藏，心理上總覺得與我們的關係近些，起碼與我們藏胞的血緣近些，印度則好像是風馬牛不相及。這當然是很幼稚的錯覺。其實，尼泊爾對我們來說仍是一片迷離。

雖然如此，我們看到的人與物，卻還是有些許熟識。尼泊爾人的膚色髮色，有印度民族的影子；但五官則似中亞細亞人，衣裝和行動上都近似我們邊疆的民族，中間又滲雜著大量由西藏逃出來在那裏定居的藏胞和不少顯然由中國西南移來的中國人，整個感覺仍然有一種異樣的熟識。看見的事物中，最突出的則是到處林立的塔形廟。在帕丹，在蓋滿都的皇宮廣場，在巴格安，五步一樓十步一閣的全是木造塔形的寺廟，三層層疊飛升，大小相映照，極其挺拔健美，和我國中原古都的一些塔形建築有相當的呼應，尤其是巴格安古城裏聞名的五層塔，建造圓熟，從六層紅磚的高臺上再拔起作五層木塔飛升入冰寒的天藍，令人仰望讚歎。這五層

▲在古城帕丹，塔形廟林立，三層層疊飛升，大小相映照，極其挺拔健美，和我國中原古都的一些塔形建築有相當的呼應。

塔的高度雖比不上大唐長安的大雁塔，但其木造之美，仍放射出它獨有的風采。

這些塔形廟雖然曾受過相當多中國的影響，尼泊爾人看來雖然有些熟識，但尼泊爾的文化，對我們來說仍然是充滿著神秘。尼泊爾這個國家，在一九五〇年代以前，幾乎完全閉關自守不問外界世事，所以有關尼泊爾的傳聞不多，這當然是構成它神秘的緣由之一。其實，尼國文化的根源，印度的刺激恐怕比中國和西藏的還多。談到佛教，我們大都想到梵蘭那斯，因爲法顯的「佛國記」所記載的，玄奘「大唐西域記」所記載的，佛教朝聖團的主要目的地，都是位於梵市近郊的鹿野院，菩提樹的所在，釋迦正覺和講道的場所。很少人知道釋迦的誕生地是在尼泊爾，宏揚佛教的阿育王並曾在紀元三世紀前親身前往朝聖，可見佛教與尼國淵源之深遠。目前兩個四眼天神的喇嘛教重鎮菩提那（Bodhnath）和沙巖菩那（Swayambhunath）廟便是當時的佛教中心。除此之外，印度史詩 Ramayana 所敍述的 Sita 也在尼國誕生。尼泊爾的幾個古城都可以稱爲活生生的博物館，寺廟林立而集中，除了塔形廟之外，還有許多獨石山柱式的印度廟宇。供奉印度全部的神祇。其實，連塔形廟中的雕刻也都是印度神祇的故事。可以這樣說，尼泊爾的宗教文化的主軸仍是印度諸宗教的延續。反映在生活上，尼泊爾人，像印度人一樣，也是精雕細鑿的工藝者。我們隨時可以看到大量的銅器、銀器、銅雕、銀雕、木雕，泥塑，包括有溼婆、毘瑟笯、訖哩什那、觀音大士、猴王，和印度教、佛教中的諸菩薩，琳琅滿目。其次彩圖織錦、鏡片織綿、唐卡畫、念輪、飾物珠寶，樣式、花彩之多，令人眩目。

虛擲的「神」「話」？

走在往巴格瑪蒂河邊帕蘇帕丹的路上，我想著的卻不是這些藝術的瑰寶，而是遊歷印度以來宗教給我的思索，它既富創造力而又摧毀人性。我一面驚歎於宗教所推動的藝術的創造，如從花崗石鑿出來的愛羅拉神廟，如巨石駕車赫然飛升向天的太陽廟，如嘉齊靈合神態萬千狂喜的浮雕……在印度二十來天，美的滿溢我們幾乎無法承載無法消受；但另一方面，對認命而不求生，認命而不知髒之為髒，不知生之近似貓狗牛羊或不如貓狗牛羊的一些被棄逐的生命，我連續的問：是什麼「野蠻殘酷」的「神」「話」把他們「卡死」而不自知？在印度，種性階級的制度（Caste，分成四個階級，生下來便改變不了，不可以上進而改，不可以通婚而改），生為「賤民」者，世世代代是「賤民」，即連乞丐羣中，也有貴族賤民之分！「不看今生看來生」，「認命不求上進」。而佛教的「色卽是空」，從某一個角度來說，也加強了這種思想，把印度的人性活活的「卡死」，這是鞏固既得利益者的權力架構——宗教所創造的「神」「話」。

據說，在尼泊爾，自從近千年的家族統治（本身也是一種鞏固權力架構的神話）在一九五一年被推翻後，種性階級制度，連同一夫多妻制和童養媳都已被廢止云云。但他們一夜之間便可以把思想解構嗎？這是令人懷疑的。在印度那些令我們沮喪、欲哭、傷痛、無奈的、不問人生最低條件的存在，我們在尼泊爾也會碰見嗎？我們第一天來到蓋滿都的時候，走入鬧市的街上，雖然飛塵多些，第一個印象是：尼泊爾乾淨多了，房屋也整潔多了。但這個印象只持續了一個上午。隨後到了帕丹，初入古城，看到處雕花的木建築，曾經激起一陣興奮。但當我們有機會看到矮得只有一個人高的民房，那長年的殘破和泥黑，然後再看到街頭糞便垃圾的散佈，印度的記憶又再湧起。在菩提那，那個拔地高騰雪白的四眼天神圓座的四週，也是到處是糞便和痲瘋病患者。在高山上的沙巖菩那，帶著金頂披著白袍的四眼天神好威風啊，但也是遍地糞便，臭不可近。那些享盡榮華富貴的喇嘛僧，他們在做著什麼呢？我們不禁要問。唸經呢喃給了這些苦難的人什麼慰安呢？

髒與亂，無疑也是經濟落後的結果。但有時我們無法不那樣想：與其把大量的金錢放在造神、奉神、侍神的人力、物力上，如蓋滿都的「少女活神」的供養（把一個小女孩看成神的化身來侍奉，不但浪費了金錢，而且還戕害了這個少女的心靈；

▲在高山上的沙巖菩那，帶著金頂披著白袍的四眼天神好威風啊，但卻是遍地糞便，臭不可近，爲什麼？

因爲她不但失去了天眞的童年，而且永世不能如常人那樣正常的活下去。）又如動用千人工作的「浴佛節」等……還不如把精力和注意放在人基本生存的條件上。

尤有甚者，信仰，如出於一種至誠也罷，如果信仰已經淪爲一種習慣性的東西，以假爲眞，則更覺虛擲！關於這一點，我的感受是複雜的。如果尼泊爾沒有把門戶打開，永久地關在一種根生已久的信仰習慣裏，他們對於神的崇敬，包括宗教藝術的塑造便可以保持著一種純粹嗎？我不敢說。但另一方面，門戶打開後，爲了賺觀光的錢，宗教雕像大量的複製，有些甚至從臺灣進口，來充斥市場，粗糙、庸俗，而且有瀆神明。這不但是宗教藝術的墮落，而且，所謂信仰，便已經是以假當眞。則連「少女活神」每天每半小時都要在樓頭出現，給觀光客「瞻仰」！什麼「瞻仰」！「少女活神」早已「商品化」了！還談什麼「神性」！還談什麼「信仰」！我們也可以反過來說，都是西方（或者說經濟條件較好的外界）帶來的文化污染的關係。突然間，像尼泊爾這樣一個宗教文化和藝術曾經一度輝煌的國家（許多第三世界國家也是這樣），在保護本土文化與世界性經濟掛帥的動向之間，我們應該怎樣做呢？我一時也找不到答案。

■彩虹一般閃動的聖洗

走在往巴格瑪蒂河邊帕蘇帕丹納的路上，兩天來的思潮湧復。是的，我也可以像好奇的一般觀光客那樣，把一切文化現象，作獵奇式、看動物園的方式流覽，何必沉溺在這些說了也無補於萬一的心事呢。其實，我也不是沒有一般觀光客的獵奇慾。譬如今天要去看的帕蘇帕丹納。他們告訴我，那邊除了輝煌的印度教的廟宇之外，還有著名的「待死屋」。好有趣的一個名字！但也是好可怖的一個名字！「待死屋」不就是「等死的場所」嗎？對將死的人來說，這是多殘酷的一種對待！將死的人，如

果在家中，在一種游離於生與死的黃昏地帶，帶著一種微薄的希望，死也許可以安詳而去。放到「待死屋」不就等於當面向他宣布死刑了嗎？將死的人，雙目看著黑暗，或者看著旁邊「待死」或「已死」的人，這種恐怖，眞是不可想像。

我們走入帕蘇帕丹納的時候，還沒有來得及注意到輝煌的廟宇，便被一種焚燒的焦味攻著鼻子而來。待發現焦味的來源時，我們已經站在巴格瑪蒂河的小橋上。原來河的右邊每隔數丈的每一塊突入河中的石臺上，正堆著一些柴枝在燒。燒柴枝怎會是這個味道呢？才注意到夾在柴枝中間硬綳綳的伸出兩隻腳。駭然一驚，他們正在燒屍。有不少人站在河邊的屋前靜靜的在看。這才想起後面一間間的矮房子一定就是「待死屋」了。想到裏面盡是將死未死或已驚駭至死的「物」體，胃酸突然上湧，燒屍的味道便更難聞了。我們不忍看，匆匆的走到對岸。把注意力放到另一些東西上面，好把這突如其來有些未防設的難堪沖淡。

▲就在這一條屍薰帶花帶垃圾的濁水溪裏，一大羣男男女女正在作聖洗沐浴！

……原來河邊石台上，正堆着一些柴枝在燒。燒柴枝怎會是這個味道呢？才注意到夾在柴枝中間硬綳綳的伸出兩隻腳。駭然一驚，他們正在燒屍……這才想起後面一間間的矮房子就是聞名的「待死屋」了。 ▶

現在眼前是一列列的神龕，非常整齊，有一羣猴子在其間跳躍。神龕內供奉著一柱擎天的靈幹（Lingam，由男性性器和女性性器合成）。神龕的中間是通空的，一排靈幹樹立如林如兵陣，倒是非常幽默。

這時回過頭來，正好看到帕蘇帕丹納的全貌。所有大的印度教寺廟都在對岸的右邊，鎏金的塔形廟和倒鐘的寺院佔地很大。河邊有兩所大的房子，比剛才看到的豪華多了。原來這是皇帝皇族的「待死屋」——當然，死也是不平等的！也許到焚燒灰化時才無二樣？

我們現在看清楚了，所謂河，淺淺的一條濁泥細流的小溪而已。現在有不少活動：上段有人倒花瓣（是儀禮的一部分嗎？），有人倒垃圾。這邊有屍灰散落在水上，下段有人洗菜洗碗洗碟。就在這一條屍薰帶花帶垃圾的濁水溪裏，一大羣男男女女正在作聖洗沐浴！原來巴格瑪蒂河正是神聖的恒河上游的一條主要支源，所以管他清管他濁，就是聖水，就是能治百病、能洗去一切憂愁的聖水！看，這邊一個女子，穿著薄薄的紗綃，走入濁水中，以手掬水先洗臉，淋洒在身上，然後全身浸在水裏，一滾兩滾三滾，然後站起來，搔首弄姿地，好一個滴水玲瓏的觀音！

再看，此時從河的下游，穿著紅色主調的花紗綃，紫中帶紅，紅中帶綠，紅中帶黃，頭飾，彩帶，成羣，成隊，成村的女子，赤著足，踝鐲玎玎地，搖搖擺擺的走過來了。好熟識的行列，好像在那裏見過。對，今天早晨，在城郊的蔭道上，萬紅千紫、穿珠帶玉、踝鐲玎玎，就是她們。

我們原是先要到一個古城去的，車子到了夾道楊樹出城的路上，但見人頭湧湧，衣著格外鮮麗，男男女女都穿著傳統的服裝，色彩之外，滿身掛著五彩、六彩、七彩的玉石和金飾銀飾，赴節慶的氣氛，繼而看見夾道兩旁都是穿著制服手上拿著旗幟的學生，路中央每隔數十丈建有牌坊。很別緻的牌坊，上面有些鮮花，但主要的裝飾物卻是新鮮的瓜

果蔬菜，好像從綠葉的莖幹上長出來，活像西方神話中的豐饒角（Cornucopia）。牌坊上面寫著「歡迎英國女皇大駕蒞臨」，就有那麼巧，英女皇首次蒞臨尼泊爾受全國上下歡迎的場面，我們竟然在這裏看見。我和慈美在英國白金漢宮前沒有見到，竟然在尼泊爾的一條鄉村道上與她相逢！而且相距不到一丈之間。

也許是為了歡迎國賓的關係，今天才有這麼多萬紫千紅的女子出現？還是因為今天是聖洗的節日？我們車子走不過去，轉過頭來到巴格瑪蒂河來。沒想到，這成羣、成隊、成村紫紅的女子，赤著足，從她們的村子穿城走了一個上午，踝鐲玎玎

▲古城巴格安著名的五層塔

地，全身韻律地現在已經來到。管它什麼濁水聖水，管它什麼「將死」「已死」，這些意氣風發的色澤一下子便把快樂與節慶帶動起來。不要再沉鬱了，讓我們的眼睛在這個活動的花園裏遨遊！讓我們好好欣賞巴格瑪蒂河裏彩虹一般閃動的聖洗！

土耳其卷

土耳其札記

■航向拜占廷

六月三十日。在加州。陽光和菓實都是最好的時候。纍纍滿樹的水蜜桃。紅得像要飛起的小汽球的李子。爲什麼不在竹影疏陰的後院好好享受南加州人人嚮往、那永久如小陽春的夏天呢？你問。

是爲了一種遠遊的慾望……？

是爲了走出平凡定型的空間找尋另一個自己……？

是爲了異國情調……？

都不是的。我確切知道，我航向伊士坦堡那

古代的拜占廷，也不是像年老的愛爾蘭詩人葉慈那樣，感嘆感覺生命的脆弱，而對拜占廷作精神的馳航，要在金光閃閃的剪嵌壁畫中找尋他永恒的歸宿。

我確切知道，有一種召示，在喚著我，航向伊士坦堡，航向拜占廷。

「那個高宏雄渾的回教寺的圓頂，是那樣的肅穆而又促人仰望，我久久不欲離去。」曾經隨著旅行團蜻蜓點水式的去過伊士坦堡的妻那樣反覆地說著。

事實上，我雖然無意像葉慈那樣斤斤計較於永恒的捕捉，我卻未忘懷他對拜占廷文化的敬仰：

白日未經洗煉的形象隱退
帝王泥醉的衛兵已經入睡
夜的廻響隱退連同夜行人的歌聲
依著大教堂的鐘鳴
星照月照的圓頂鄙視
人作為人的一切
他所有的繁雜
他血液中的憤怒和污泥

今之伊士坦堡、昔之拜占廷，對我來說，不是什麼永恒的標誌，更非什麼精神昇華的最佳代表，而是一個層層文化交戰、交匯、交合的場所。我不但想看到慈美在短暫尋訪中看到的美和雄偉，我更希望能夠在這歐亞接合之地看到東方文化、西方文化、回教文化、基督教文化、土著文化、外來文化的爭戰所留下的痕跡。伊士坦堡是絲路最重要的驛站，也許我們還可以看到中國文明西行的跡線？其間交戰、交匯、交合又代表了怎樣一種權力的衍生呢？而美的昇華在歷史與流血中作了怎樣的一種展現呢？這也許是我和慈美及兒女冒著小亞細亞大火爐的蒸騰而航向伊士坦堡的原因吧。

我說土耳其是迷人的。不只因為他們曾是古代中國近鄰的民族，叫做突厥。所謂夷，所謂蠻，

▲古代稱爲拜占庭現在叫做伊士坦堡，在橫臥的一列小山巒上，盤踞着尖塔復尖塔，圓頂復圓頂……
跌宕起伏，另成山勢，另成文化層次的山勢

只是古代中國霸權一種擴張主義的修辭而已。他們的語言和我們新疆通行的語言既是相連的，他們的生活、他們的思想是不是和我們有某個程度的相似呢？這是迷人處之一。土耳其其實是荷馬的土地，這，很多人一時不會想起。不但「木馬屠城記」的特洛城在土耳其境內，荷馬兩大史詩所描寫的風景、風土、人情，愛琴海的種種，非尼基人航海所述種種，都在土耳其愛琴海沿岸。可以這麼說，西方文化是在土耳其境內誕生的。這是迷人處之二。

那麼，讓我們一同走吧，向拜占廷馳航。

（一九八八、六、三十）

初臨伊士坦堡：一支熟識的古歌

當機翼斜傾在瑪瑪拉內海帶著濃密煙霧的灣港上，一排土紅色的屋頂，錯落地，雜亂地，沿著海灣散佈開來。傳說中那種碧藍與透明，今天不幸見不著。屋瓦的紅色，牆的白都披上了一種灰灰的感覺。這恐怕不完全是天氣的關係。只一瞥便可以覺出一種塵垢的時間味。破落和擁擠間有一支古老的歌靜靜地唱著。

※ ※ ※ ※ ※

昨日由加州飛來，需要在哥本哈根過夜轉機。七月的北歐已經有些寒意，加上一陣夜雨，淅淅瀝瀝的滴在旅館外的菩提樹上，竟有些臺灣初秋的感覺。而整個城，除了鬧區一角，皇宮一帶和運河區，行人疏落，偶爾只見運河遊船滑著水面靜靜的馳行，大家都靜靜的讓景物流入視野內。說美，起碼我看到的，不見得比其他歐洲的城特出。但疏落、寧靜和一種雨後沁涼的清爽，正好逐走飛行以來時差的疲倦。

沒想到相差才一兩個小時，哥本哈根那種寧靜與沁涼，彷彿已是隔代的遙遠。走出伊士坦堡的飛機場，在塵垢的柱石間，流著一種籠罩性的悶熱，酷似臺灣的夏天，四面八方的衝來，也許是接送交通的龐雜混亂的關係，確有逼人的感覺。我原是穿著夏天的西裝、打著領帶而來的；想初到人家的國土，禮貌些。但此時實在受不了這濃濁空氣中攝氏四十度以上的高熱，也顧不了這許多，便把上衣和領帶脫下。可是，來接我們的A教授，仍然是三件頭的盛裝，怡然自得地一路爲我們縷述沿途的一些景色，彷彿未受到一點苦熱的影響。

教授捨大道而取小路，是要我們穿城而過，可以多看一些伊士坦堡城市的活動。

車子沿著瑪瑪拉北岸馳行，左邊是漸漸昇高的山坡，山坡上密麻的房屋疊建，破舊、髒亂。塵垢之外，衣服破爛雜物作凌亂的掛、堆、靠、疊，極不雅觀。是經濟生活的條件無暇顧及觀瞻呢？還是一種民族性——懶於用心於生活的環境？破舊的氣息倒是和千年遺下來的斷裂城牆和色合拍。但破舊中，尤其在一些高處，卻又出現一些色澤鮮明的新建築。

瑪瑪拉內海上有各色各樣的船隻活動，相當熱鬧，其中包括一艘掛著俄國旗幟的大船，正駛向波斯佛勒斯海峽進入黑海返俄國。也有一些大船從那邊出來，通過達爾丹內那斯海峽到愛琴海、地中海各地。是一個運輸量極繁密的海港。

路上車子則更多，塵氣高揚，名貴的轎車和破車貨車互相爭逐，交通之亂，不下於加爾各答和臺北。左邊是風塵攻面，右面是碧海迷茫。但海灣岸邊卻有很多人那樣舒泰、怡然自得地在那裏釣魚。對污濁的空氣似乎無感，對噪音完全充耳不聞。不久又見手推車的露攤售魚，跟著是種種攤販，包括賣玉蜀黍的，分水煮火烤二式。有些遊人，對莽撞的交通和攻鼻的疲氣似乎也沒有什麼感覺，在那裏悠悠地享用種種的攤販零食。我們是在伊城的歐洲區，一路竟是如此之多臨時搭建的破房子。此時，忽然從瑪瑪拉灣吹來一陣熱風，好難聞的一片羶臭味！起初以爲是魚場的腥味，後來才知道是製皮工廠曬皮的羶臭。對這美麗的瑪瑪拉灣，眞是一個大大的嘲諷。

貧富懸殊是很顯著的，從北岸東岸看西岸，在歐洲新區和亞洲區的山上，依山而建，綠中嵌著白牆紅瓦的洋房，色新整齊，卻是一派富人氣象。我們初步的印象是：兩者彷彿是兩個不同的世界。另一個奪目的形象，當然是舊城中雄踞在山頭上宏麗雄偉的皇宮和回教廟宇，帶著修長挿天的塔柱和鎭鎭焉坐在那裏的圓頂，一列展開，把天空的輪廓描畫得如此秀麗而壯濶，這，當然代表著過去高度文化的輝煌。而這種輝煌卻又坐壓在龐大煩亂的貧窮之上，這種並存也許就是不少一度稱雄天下而如今敗落爲第三世界國家的現象吧。我們可以在印度看到。我們可以在中國看到。我們可以在早年的臺灣

▲希臘神話中尋找金羊毛的故事，靈感是在這條波斯佛勒斯海峽的海風中醞釀

（有時甚至現在的臺灣）看到。

伊城曾是歐洲文化的搖籃之一，和歐洲文化始終是通著消息的；所以又好像和一般第三世界不一樣。在伊城，我們似乎可以看到一些歐式的設施和生活習慣，但又同時有其他第三世界經濟落後所常見的跡象。我心裏總是反覆思量：其間有許多說不清的因素。

在我們來伊士坦堡之前，我們便認識接待我們的A教授。我們在加州認識，才吃過一次飯，A太太便對我們說，我們彷彿已是多年相熟的友人，一直促我們去拜訪土耳其。A氏一家，都是在歐洲受教育的，法、德、英語都能用得如母語一般暢順。在衣著和言語上都處處呈現著高雅文化的風範。像他這樣一種家庭，佔土耳其多少成分，和一般平民有什麼不同呢？這，從最早，就一直是個逗人探思的問題。A氏一家和美國人不一樣，倒是從第一次接觸我們便感覺到。家人之間的密切關係，關心與投入的程度，在語言和動作間很明顯的表現出來。

這種投入感又延伸到一般友誼的層次上。他們不但對已熟識的朋友，對我和慈美（以至今天連帶到我們的女兒和兒子）他新識的朋友，都呈現一種眞摯的熱情——一種現代西方社會所缺少的人情味。這其間好像存在著一種第三世界文化轉型期的耐人尋味、逗人思索的內在邏輯。也許在隨後的日子裏，我們在見到的一些文化現象中可以找到一些答案？

我們離開了港灣擁擠雜亂的碼頭區而轉入高速公路的時候，塵霧終於被陽光擊散，在一種突如其來的透明下，瑪瑪拉內海閃閃碧藍，映照著整個亞那東尼亞山城的城象，眞是無比的秀麗。加上白牆紅瓦熠熠的流亮潔淨，一下子便逐走了旅途中的悶熱與塵累。我們知道，我們將要進入中產階級、甚至上層社會的區域。但，令我們驚異的是，當我進入屬於中產階級的社區時，房屋的氣勢雖然很清楚的說明了住戶一定的經濟水平，但街角巷間竟安放著這一種經濟水平的住戶所不應該有的髒和亂，這包括垃圾的處理和一些公共的設施。我忽然感到一種熟識，在經濟暴發的臺北，在許多高級住宅區的街角和巷間不是有著同樣的現象嗎？這，和臺北一些開賓士汽車、甚至勞斯羅斯汽車而口嚼檳榔吐得滿街紅斑的人有著怎樣的一種相似的脈絡啊！我這樣想，大概對土耳其而言也許是不公平的；但我心中此時想到臺灣，心情上卻是相當的沉重。

※　※　※

A夫婦照顧我們，像自己家人一樣。我們雖然很累，卻有歸家的感覺。他們把隔壁一家無人住的空屋打掃好，讓我們一家住。設備是原始了一些，但很通風舒暢。我們住在四樓。有一個雙向的大陽臺，面向瑪瑪拉灣和灣內的遊船港，景色開朗，令人心曠神怡。

我們略加梳洗後，已經是下午六時。A夫婦請我們到他們家先喝茶，看日落，然後進餐。此時暑氣略消，坐看瑪瑪拉港灣上的水上巴士滑過大圓的落日到舊城去，紅光黑影中有一番「詩」緒在蕩漾，因爲時差的關係，累得思想活動不起來。

飯後，A教授建議到遊船港附近散步。他們住家前面的路，據說五、六年前還是一片海灘，他們常在那裏泳耍；現在不但前面是一條交通頻率高的大路，大路前更是一大幅新塡地，遊船港便在新塡地上建成。已經是晚間十點鐘，竟然車水馬龍，喇叭聲，摩托聲，接踵而來。有不少車子，純粹是眩耀的意思，轉來轉去。路上不少行人，從別區來的，都是一家一家，扶老携幼的走向港灣的空地。在空地上，有一大片顯然是平民俱樂部式的露天咖啡座，密密麻麻坐滿了人，總有六七百人的樣子，在那裏喝茶、喝咖啡、飲酒、乘涼、聊天。另有樂隊演奏，是舊時代，五六十年代的音樂。另一大片空地被人租來做結婚場所，滿地的花籃花圈，相當隆重。參加的人衣著都很保守，在那裏跳舞，跳的也是傳統的狐步、華爾滋舞。這裏有一種熟識感，也許是這些衣裝和音樂把我們帶入了懷舊的律動的關係。

港灣上停了不少漂亮的遊艇，很多都是從意大利穿過地中海和愛琴海而停泊在這裏的……

一路上岸邊坐滿了人。我在推想，這可能是因爲有很多人家裏住的地方不大，需要到這樣一個開濶的空間散散心！這種情形，在寸金寸土的香港很常見。但他們的遊蕩和聚合談心，我覺得和中國鄉間大榕樹下的茶攤的生活情態相似。至於西班牙城中的主要廣場，墨西哥城街市式攤販間的遊唱和人來人往那種活潑、開朗、談笑風生、樂天，在此亦見之。談到最後，和東方國家的夜市很神似。這種種卻是自我孤立的美國社會所看不見的。

這樣散步不錯，比較更容易接觸到土耳其人生活的情態。一路上，很多露天的夜總會：燭光、人影、三、四十年代的舊歌，五六十年代的曲子，浪漫、夢樣……。

（一九八八年七月二日）

耀目的夜遊和撿破爛的清晨

我本來就是見光卽醒的人，沒有睡覺的命。其實昨夜平民夜總會浪漫夢樣的歌聲，鬧到深夜便成爲擾人清夢。在苦熱與蚊蟲襲擊之下，我根本無法入眠。照講，睡著了以後，加上飛行的時差，一般情況，我應該可以一覺到中午的。是因爲初到的新鮮感一種過剩的興奮嗎？是因爲一清早馬蹄得得把我喚醒嗎？是叫晨的鳥（海鷗？過雁？烏鴉？）鳴聲太急太刺的關係嗎？全城皆睡我獨醒。我坐在陽臺上。遠灣上安詳無比，霞曙中那輛水上巴士是浮在天邊呢？還是已經剛剛滑出港口，慢慢馳向舊城去？

昨夜的喧鬧隱逸無踪，路上只有幾隻鴿子咕咕地覓食，啄翻著昨夜遊人留下的殘食。沉灰的山抱著紅瓦的屋睡著。車子倚著路旁睡著。路如伸直的腿，睡著。但聽！好清脆的蹄聲！由遠而近。原來是小騾子拖著一輛破車，一路撿著破爛而來，在這絕靜的清晨，當全城都被裹在軟軟的睡眠的時候……。

我禁不住又想文化斷層和新舊錯雜並存的問題。昨夜盡是耀目的遊車，今晨則是破衣破車撿破爛。這不是「貧富不均」一句話可以概括的，尤其是，我的印象中，卽在一些「摩登」家庭中，也有新舊雜陳的不調和現象。譬如接待我的A教授，是正宗所謂 a la Franco（法式，指的是西歐式，包括美國式）家庭，在歐洲受教育，法文、德文、英文不但暢通，法、德、瑞士、英、美生活、文化、政經知識都極其豐富，二度任政府某部長，家中有佣人負責膳食和打掃，是一個富足之家。但爲什麼在日常生活的需要上，如水電都如此簡陋，而在苦熱和蚊蟲襲擊之下，沒有可以解困的冷氣的裝置呢？顯然這不是金錢的問題，也不是小氣（他們是如此的好客！）我這樣想，也不是說歐美式的家庭必然要走向物質的享受；而是想了解，在這種現象的深層裏有沒有其他文化的識見在左右著他們的生活取向？

由A教授的例子，我又想：所謂法式、歐美式的家庭佔土耳其全人口的比率有多少？他們，在現代土耳其中顯然佔著舉足輕重的位置，在政治上、經濟上、教育上，這些帶著西歐意識型態的決策者（現代土耳其的法律的藍本是瑞士的法律，經濟策略上，最近有參加歐洲共同市場之議，所以也是西歐式的），和大多數的土式（土耳其式、本土意識的）羣眾有多大的衝突和匯通呢？這是一個迷人的問題。在我這次短期的旅行中，也許找不到清明的答案。但也已足夠使我們看到第三世界文化生變中的問題所在：亦即是，一方面，土耳其，像中國、印度和其他亞洲國家一樣，爲了在所謂現代化的狂潮上（現代化的另一種意義是歐美政經文化的殖民活動）生存，她必需「趕上」歐美霸權的文化結構。在這求存的過程中，已經無法深思這個霸權文化對本土文化的損益是什麼。尤其令人憂心的，執著牛耳的知識份子，又往往一廂情願地接受了歐美式的價值取向而沒有考慮到這種取向原有的歷史根源和意識結構過程中人性之被物質化。在土耳其的芸芸眾生中，有多少人在思索他們的原質根性在現代化過程中的蛻變呢？

也許我想得太多了，我不是來渡假的嗎？何必那樣嚴肅，那樣自尋煩惱呢？

（七月三日晨）

■伊士坦堡之晨

像時令那樣準確
多少世紀以來都如是
似斷還續的
雄音
像潮湧那樣韻動
像古代隆隆的戰鼓
一排逐一排
越過沉睡如泥的黑夜

搖著千戶萬戶
摺疊上山頭紅瓦的屋頂
震盪著揷空的尖塔柱
挾著星辰和眉月
騰騰然踏著瑪瑪拉微揚的海波
踏著寂然停泊在海灣的船隻
奔來湧來
一浪推著一浪地
那響入雲霄的回教寺的早禱
把附近機房的微顫
和嘎嘎地擾人清夢的烏鴉的爭逐
完全淹沒
一浪接一浪
排山倒海地湧來
有多少人像我因爲失眠而聽見呢？
又有多少回教的市民眞的會
從睡夢中躍起
黑袍一團團地
在這個睏倦的時刻
是早上四點吧
忍受著白日苦熱下一天工作的疲勞
匍伏在地、面向麥加、唸唸有詞呢？
一片空寂無人的街上
幾隻鴿子
在行人道上撿啄著
昨夜情侶們
或一家大小扶老携幼在此夜遊
所留下的殘食
眞正早晨的開始
是更均勻
更清脆而著地有聲的
馬蹄聲
拖著一輛破車
一路撿著破爛
在太陽自愛琴海上升起之前
在你我起床梳洗之前

把市街為市民準備準備

市集市肆

今天是星期日，我們還沒有打算到古拜占庭所在地的舊城去。A教授熱心的帶我們去認識巴士和渡輪的路線。他略加說明後，便轉到渡頭後面的小街。突然，眼前一亮，一棵樹下，一個小小的廣場，林林種種盡是鮮明多彩的水菓攤、蔬菜攤，在那裏展開，梨李瓜果，酷似中國傳統趕集的攤販。穿揷其間的是賣茶的人，手是提著一個銅盤，上面載著幾杯新沖的紅茶，在那裏一面叫嚷，一面遞茶。在這四十一度的塵熱中，這茶，倒有點中國大暑天喝杯酸梅湯的意味。

從廣場一轉，一條很窄的街，兩旁是油店米店麵食店，散裝式買賣。A教授全認得，一面侃侃而談，一面稱著包著雜貨，熟絡非常。我們雖然聽不懂，但觀容察色，談笑間也知其一二。事實上，後來我們知道，其中一個店主，把家裏出了車禍的事像家中的事一樣向A教授全盤傾訴，這種小村小鎮式的商場交往，也酷似中國舊式商場商店街，如臺北的廸化街那樣。說新鮮也不能說新鮮，我們拍了一大堆照片，我想是因為是在懷念中的民情突然的湧現的緣故吧。這種生活形態，在美國，甚至在臺灣都漸已失去，所以特別覺得親切吧了。

波斯佛勒斯海峽

在古代，伊士坦堡附近的水道是充滿著神秘的傳說的。譬如希臘神話中傑遜帶著一批人乘著雅高船到柯爾棲斯國尋找金羊毛，據說就是穿過世界分歐亞的波斯佛勒斯海峽而行的。兩岸住滿了鷹身的女子，更遠處，即是荷馬描寫的永遠在霧中的黑暗族……

然後走下去，到船上，

讓龍骨撥開衝浪，向神樣的海
讓桅帆高升，在那黑沉的船上
運羊羣上船，運我們的身軀
沉重的淒其，風從後面吹來
把帆鼓漲，把我們推前
是茜斯那髮光身潔的女神的賜與。
我們坐在中船，風擊著舵把，
就這樣，張著帆，跨過海直到日已盡
日已入眠，撒滿海的黑影，
我們才到了海洋最深之處
到黑暗族的居所，城鎮
被雲霧密織著，陽光永遠
穿不透的雲霧……

這條水道，在神話之外，還充滿著歷史，半神蹟性的歷史。據說，公元前五一二年，波斯國王大流氏，曾以連船作橋，他坐在山頭上，看萬千大軍踏過海峽攻擊賽茜人。跟著他的兒子領著二十萬大軍攻入希臘。二百年後，亞歷山大大帝再攻回去，傾萬斛酒以祭神。

今日，界分歐亞二陸，北喙黑海，南接愛琴，仍是海運要塞，仍然充滿著傳奇。

A教授的母親訂了一部車子，要帶我們沿著海峽左岸（歐岸）開向黑海。A教授的母親，談吐、品味都是上流社會的格局，當然也是法語英語全通的。由她來做導遊，我們感到非常榮幸。她一面走，一面指出一些寺院，城堡和其他好看的建築給我們看，一路上她不停地埋怨近十年來污染的嚴重性。這條水道上，雖仍設有泳場，嚴格的說，不可以開放……等等。

站在海峽，看驚濤拍岸，看海水湧流的急勢，一片綠玉的翻騰，我禁不住想起荷馬史詩中一連串的形容詞：酒青、酒藍、酒白、酒紫、水的筋絡、綠玉髓、橄欖石、紫水晶……。波斯佛勒斯海峽是奇特的。說是海峽，但因爲對岸舉目可見，海峽卻形同河流，黑海的水量騰騰焉被迫入窄而長長的海峽，難怪湧流急激，加上來往於黑海與瑪瑪拉灣大船的波動，更見海峽生命的躍動。

沿岸都是景觀一流的高級住宅，高臨海峽攀山而建。花園華厦，回教寺，皇宮，城堡，餐廳，咖啡屋，都是經過設計的典雅。間中穿揷著一些傳統雕花土耳其式木房子，雖有些破落、甚至被廢棄，其高雅風采，藝術意味，還勝過新建的洋房。我們沿著海峽一灣一灣的北行，眞是一灣勝過一灣。這種住宅，這種美景，比法國的藍色海岸還要上乘。紅屋頂，白牆，綠樹，藍灣。絕對比藍色海岸好。在貝比克、延尼區、泰拉北亞一帶，更是令人爽神。而我此時卻想著另外的東西。

這條海岸所見的景象，和第一天從機場到舊城行經的海岸所見的景象，同屬伊士坦堡，竟仿似兩個世界。今天所見，第一世界氣象，是 a la Franco（法式，歐洲式）；另一海岸所見，卻是第三世界氣象。這種懸殊……我不是來渡假的嗎？何必那樣嚴肅，那樣自尋煩惱，去憂別人的心呢？我自嘲作解地提醒自己。

黑海是怎樣黑法？到那邊可以看到俄國漁民在海上的活動嗎？我們興沖沖的期待著。結果，路還未走盡，便見「軍事重地，閒人免進」的牌子。這是無法爭辯的令牌，我們只好折返。黑海之謎仍舊是一個謎。

（七月四日）

■ 梭菲亞聖智教堂

坐在由嘉廸區（Kadiköy）開出去的渡輪，陽光照在瑪瑪拉灣上，海水一片翠藍，湧浪和水花帶來一陣涼風，暑氣頓消。

船上都是趕路或趕上班的人，我看來大部份都是白領階級，穿著隨便，我想這和炎熱有關。但有些女子卻袍披一身，包頭裹面，這當然是和回教信仰有關。眞不能想像，在這熱得人想連皮都脫下的天氣，她們居然能厚衣裹身如此！

船上忙過不停地樓上樓下跑的，是早茶早點的

▲梭菲亞聖智教堂

叫賣。有不少人，趁此二十分鐘的航程，休閒地享用一杯茶。土耳其的茶比咖啡好多了，用秀麗的鬱金香花式的玻璃杯盛飲，另有一番風味。

不久，我們看見舊城上帶著六根矗天塔柱的藍回教寺，一個圓頂連著一個圓頂，一直遞升到一個數倍大的圓頂，如頂天而散開的大傘，劃出天的輪廓。相連著藍回教寺的是雄姿不滅、更勝前景的梭菲亞教堂。也許我應該說回教寺，紅牆灰頂，從外面看，只見回教寺的姿勢，不見古羅馬長形的會堂形象。此寺最初建於君士坦丁堡傑士丁時代，一直是基督教堂，到十五世紀才被回教征服，拜占庭藝術和回教藝術重疊和爭戰的痕跡最爲顯著。這，是我們今天要看的主要古蹟之一。

從船上看過去，這橫臥的一列小山巒上，盤踞著尖塔復尖塔，圓頂復圓頂，再接以城牆和拓喀卑皇宮，連綿依山而上，接連著其他幾個回教寺的尖塔與圓頂，跌宕起伏，另成山勢，另成文化層次的山勢。如果落日時從船上看過去，形同音樂起伏的

◀ 站在梭菲亞聖智教堂的中央仰首四望，
另見四個圓盤懸空而掛，
上面寫的都是回教主「亞拉」的名號。
再上去卻見拜占庭時代剪嵌基督聖像。
這座教堂最能代表文化爭戰的留痕。
事實上自一四五三年被默赫默征服以來，
基督教的剪嵌聖像全部被膠泥塗蓋。
現在的重現是一九五〇年以來拜占庭復古計劃的功勞

尖塔與圓頂，此時將是一片剪影，貼在金紅的天上，必更爲壯觀。

到了舊城的碼頭，人擠人，車擠車，一片紊亂，空氣污染程度，在火蜘蛛的太陽下，更形濃濁。沒想到，到了中心區的 Sultan Ahmet，大樹疏影，廣場空曠，遊人竟然不太多。

梭非亞教堂，希臘的原意，是聖智教堂的意思，建於五二七—五六五年間。

我們緩步入內。先是黑暗，然後由一瀉花玻璃透入來的光把黑暗逐走。眼睛一亮，出現了兩道大門。從門望入去，遠遠的，在暗光中，在半圓頂上，剪嵌花彩金光閃閃地顯現著，是聖母聖子從天庭俯視。其後才注意到其他的剪嵌花彩，清澈而美麗地在黑暗中浮現。在第三道大門的頂上，相映著的是救世主耶蘇基督的聖像。

我們初看到半圓頂時，已覺高矗；不料再進一步，更大的圓頂彷彿踏著其他的半圓頂，拔然躍升，形同天頂本身，由窗及種種剪嵌花彩星辰似的拱照著。

站在中央仰首四望，另見四個圓盤懸空掛著，上面寫著亞拉伯字，互相輝映，都是回教主「亞拉」的名號。事實上，這間梭非亞廟堂，一度根本看不到任何基督教的剪嵌聖像。一四五三年默赫默征服以來，都不容許他教的偶像崇拜，全部用膠泥塗蓋，直到一九五○年，美國拜占庭復古計劃出錢，把膠泥去掉，才把聖像再顯出來，工作至今仍在進行中。文化的所謂永恆價值，在權力無情的爭戰中，實在還要看該作品的際遇。葉慈在「航向拜占庭」裏說藝術永恆不滅；其實，不滅的已經是權力爭戰破壞後的猶存者，僥倖的猶存者。但另一方面，仿天圓頂，或者由於意念上可以與回教寺的圓頂相通，或者是建築本身的宏偉和雄奇，終究沒有被拆毀而被留了下來。

■古羅馬「沉宮」（地下貯水堂）

▲陽剛而重實的藍回教寺，入到堂內，仰首看攀天高的圓頂，一片藍調紅線的花彩，細工而纖美，很女性，很輕盈，很清秀，很飄逸

如果跟你說城中心下面是個地下水井，你想頂多就是一個洞，洞中有水。告訴你，像個地下湖，你想大概是一個佔地極大的地洞，洞中有水。不料，當我們摸著黑暗走下幾級石階之後，眼前突然現出一片宏麗的羅馬皇宮般的廊柱，凡三四百根，巨大，高舉，雄壯。在一片暗水中間，現在建有走道讓我們在廊柱間穿行。在黑暗中，現在奏著貝多芬第五交響曲，燈色隨著音樂的強弱紅綠藍地閃照著。我們走入地層，倣似羅馬時代神話中地獄的宮殿，神奇，動人，非人間所有。我們有一瞬間彷彿被全然魔伏了，我們幾乎希望那條走道無限的長，甚至永遠走不出去，走，走，走，走入羅馬的古代，希臘的古代，走入那沒有現代文明病的古代……涼陰中的黑暗有一種甜味……

■ 藍回教寺

從梭非亞教堂出來，藍寺就在旁邊。那六根插天的柱塔（聖地麥加外唯一擁有六根柱塔的寺院），和一波接一波攀升的圓頂，重實如山地鎮住城角，襯著前面一片花和後面騰騰焉的天藍，眞令人流連駐足。由於六柱塔的方位，觀者每移一步，都呈現出不同的空間的玩味。

爲什麼叫做藍寺呢？連綿的圓頂，一片灰沉，全然是重實的感覺。爲什麼叫做藍寺呢？我免不了自言自語的問。待脫下鞋，穿過布簾，踏入堂內，外面原有的重實，不知怎的一下子便消失了。那重實，不似一般大教堂那樣從頭到尾都那樣沉然壓下。入到堂內，仰首看攀天高的圓頂，一片藍調紅線的花彩，細工而纖美，很女性，很輕盈，很清秀，甚至很飄逸。

啊，我突然覺悟到，這就是藍的含義。這寺的特色，正是陽剛外殼，陰柔內層；在外是盤坐的重實，在內是飄昇，精神的飄昇。我不是回教徒，也不知回教徒心中想的是什麼。我對宗教歪曲人性的行爲一向都強烈反對，但今天看到的宗教藝術，也

▲大理石，雪白的大理石在竟然雕得如女子衣服上的花邊那樣輕那樣細，簡直把石質完全柔化（寨埔）

禁不住陶醉讚歎！

讚歎過後，才注意到這座寺院內半圓頂與中央大圓頂的特殊關係。大圓頂疊建在數個半圓頂上，中間沒有支柱，這樣，膜拜者，沒有了支柱的阻隔，就是在邊緣上，也覺得與中天喙接。這是藝術與意識型態互爲因果最佳例子之一。

（七月五日）

■拓喀皁宮中潛藏的人事

伊士坦堡舊城內，一條一條曲折廻環迷宮似的狹窄的街巷，兩旁彷彿是失神的房舍，沉灰、殘破、衰敗、褪色，牆壁補完又補，或以錘平的錫皮，或以泥和紙。每一條破裂而髒亂的動脈上，彷彿永久在憤怒的人羣，不，彷彿永久失去主宰的人羣，在推或被推，在爭在鬪地洶湧著，把屋宇密集所剩下來的空間塡得滿滿。

喧鬧、雜亂、洶湧擠到了拓喀皁皇宮（Topkapi）便煞住；園牆內是安靜、整齊和美。一種古老的歷史流泉似的細湧著。

踞高巖而望三水（金角河、波斯佛勒斯海峽和瑪瑪拉灣）的拓咯卑皇宮，你只要記著它曾經是歐洲版圖最大的奧圖曼王國的機樞地——西迫維也納、北佔南匈諸國、黑海、裏海，東壓波斯，南蓋波斯灣和地中海南面所有海岸——你只要記著宮內經常有六千人生活著，便可以感知其生命一度的沸騰。

說到美，如果就外形來看，其實並比不上其他回教王國的皇宮。壯麗別緻，就我看過的，最令人駐足回味的，莫過印度蒙兀兒王朝別號「紅粉宮城」寨埔（Jaipur）內的「風宮」（Hawa Mahal）。

▲圓頂一波一波攀升的藍回教寺，重實如山地鎮住城角

皇宮的正面，像一排亭子疊著一排亭子疊著一排亭子那樣，雕花細鑿，一路疊騰上天，在大街上，前前後後左左右右，可以看完又看、畫完又畫而不厭。又譬如安珀堡（Amber Fort），在山上廻環穿揷的宮院，五彩寶石嵌織的圖案，金枝玉葉，用著低廻式的閃爍引帶著我們的目光，去追索似乎永不盡止隨著光暗的變幻；大理石，雪白的大理石竟然雕得如女子衣服上的花邊那樣輕那樣細，簡直把石質完全柔化。至於朝覲的聽證堂，拱廊如練兵那樣澶烈，在風宮中，在新德理的紅堡裏，都是赫赫然令人肅然起敬。拓喀卑宮，雖是同一個系統的的建設，也有類似的聽證堂等，外觀上，則必需承認是略遜一籌。

但看拓喀卑宮和其他蒙兀兒王朝的皇宮一樣，外形之外，最應尋索的，應該是這些宮廷後面所潛藏的人事。譬如第一庭中的近衛兵團。說著近衛兵團，兵團就來了。帶著眉月的綠旗，帶著眉月的紅旗領著白帽紅袍彎刀吹吹打打精神抖擻的來了，威

▲拓喀卑宮的近衛兵團爲遊客重演當年的操練景象

武，整齊，多彩多姿，壯麗中極其嚴肅，兩撇鬍子下不帶半點笑容；他們齊步操來，一聲號令，在花園廣場上停下來，敬禮，換位、禮樂齊鳴……無非想爲我們這些來客重現當年近衛兵團的景象。來客在一片喜慶中都忙著拍照，但有多少人知道，原來的近衛兵團和奧圖曼君王之間的明爭暗鬪和流血呢？

拓喀卑宮內的近衛兵團，是由基督教徒中的壯丁中精選精練，受的是最好的教育，有些甚至節節高升，做到皇帝的近身大臣；他們既是享盡榮華富貴，當然也就是皇帝的奴隸，誓作終身效忠。但事實上，這些近衛兵團，一旦不滿意領主的對待，他

▲亮藍亮白的花磚壁（後宮房景之二）

▲花彩繽紛的後宮房景之一

們便把炊食的大鼎推翻，也就是象徵著叛變。往往在大鼎推翻不久，皇帝就被迫下臺。拓喀卑宮，在表面的宏麗後面不知潛藏了多少由權力鬪爭而帶來的血洒宮廷。

同樣地，走進閨房內院，在露光不多的洞式天窗下，誰不讚歎花磚花式之多，顏色之豐富秀麗，設計之高雅呢？譬如手執大權的太后的睡房，一片亮藍亮白的花磚壁和花磚天花板，細線枝葉設計之雅緻，處處顯出精挑別裁，或如她其中一個房間，仍是以藍調為主，完全巴洛克式的園景，層院深深的，嵌飾得全壁；而已經纍纍裝飾的窗，則開向另一片嵌飾著另一種園景的通道；至於皇帝的寢室、會客室，花雕玉砌更多，其中水菓室，一片金黃夾著紅紫的花卉和石榴、蘋果，盆盆豐盛。會客室除了綿綿不絕的嵌飾外，另有水聲潺潺的流泉。看似為了清涼，為了羅曼蒂克，但水聲是為了防隔牆有耳。不管是與后妃纏綿或與近身密議，都需要那水聲。

宮內顏色作怎樣的分配來代表階位，我沒有什麼研究。但黑太監那執着重要權位的弄臣的房間，裝飾化的柏樹花磚竟是墨綠的深沉，也許不是無因的。不錯，閨房內的花磚，變化細緻，眞是目不暇給，其餘家具的繡金、鑲金，種種花玻璃的窗，包括大小浴室，色彩，光線都很柔和，都很美；但，我們也無法不聯想到那時的婦女是如何的被物質化、貨物化、商品化。重門深鎖，固是牢獄滋味；想想，連皇上的銀鞋簌簌走過都要廻避，聖顏何時得見呢？更不用說聖體了。凡是後宮的女子，好像只有等待皇上的臨幸，或許會有一線改變命運的希望。可是，後宮三千，可能二千九百九十人都一生被鎖在美的囚籠裏。

同樣地，展出的珠寶，盡豪華之能事，連搖籃都嵌滿金銀珠寶，由此可見！其中大鑽石一顆，更是萬人瞻仰的對象。珠寶之外還是珠寶。但那種富，說文化之富也好，權力之富也好，如今都在那裏呢？

▲後宮中的王座

沒有想到的一份驚喜，在那建造奇特蜂巢式煙囪的御厨房裏，看到這麼多這麼豐富的中國陶瓷。慈美曾經告訴過我，但我完全沒有想到有這麼多大型的盤、碗，有全青的，有全藍的，都非常有氣象，好像我在故宮中還沒有看到過。可惜說明甚少，而且有時中國日本混爲一談！我很想知道這些陶瓷的來歷，和中國甚麼朝代發生什麼的交接，這都是從絲路來的嗎？另外還有唐朝的大銅鏡，都是很不易看見的東西。我們新疆的同胞仍具土耳其名字，仍說土耳其語。東西的來往和交織的歷史，有誰把它記下，可以讓我們追尋呢？

（七月六日）

▲後宮過道無一不是彩磚精建

另一個時代的王子島

A教授在瑪瑪拉灣的王子島上有一間渡假的別墅。今天是星期日，這樣熱的天，不要到密不透風的舊城去。坐渡輪到瑪瑪拉灣的王子島上，承受一些海風，應該是舒暢的。

渡輪從波斯坦奇角開出去。我們急切地等着海風的撫慰。沒想到五十多年沒有發生過的苦熱，竟然發生在今天。風不動，波不揚。船雖然在碧玉的水上濺起白色的水花和旋開看來涼沁的湧浪，卻仍然沒有海風透入船艙來。我們想把船艙的窗打開，多讓一些空氣流通，居然都是卡死不能開的，不知什麼緣故。

更糟的情形是，今天船上塞滿了人。牛仔褲，手提收音機，吵鬧，吞雲吐霧在那裏猛抽煙，弄得原是窒悶的空氣更爲窒悶。我難免想到臺灣一些青少年，也是收音機放得奇響，把自然的清靜污染，也那樣吞雲吐霧，把一些公共場所如餐廳，弄得烏煙瘴氣，好像這才是流行，這才是成長，完全沒有考慮到這樣做是一種侵擾和傷害。講生活的品質，物質之外，講的應該是心智的成熟。

在熱與煙的窒息下，女兒、兒子都幾乎要嘔吐。幸好航程不長，很快便到了。

下了船，A教授夫婦先在碼頭附近的菜場買水菓、麵包等。我們順便也選了幾張風景明信片。這條不大的小街上的商店店主，A教授好像全都認得，熟絡地在那裏話家常。

馬上，我們發現王子島是一個非常特殊的渡假島。這個島上全部禁用汽車（除了一、二政府專用的垃圾車和工程車之外）。島上的交通工具全是馬車和步行。我們一行五六人，坐三部馬車，彎彎曲曲的繞山路而行，前前後後還有別人坐的馬車。一大隊，馬蹄得、得，鈴聲互應和接踵輪轉，浩浩蕩蕩，穿過垂條的樹，和許多典雅美麗純白雕花的傳統木樓房。突然覺得身在另一個世紀中，仿似人在十九世紀末或二十世紀初一個歐洲的城鎮內，充滿羅曼蒂克的聯想。

馬車到了半山。叫停。說，到了。往下一望，從石階一直下去深十餘丈，底下是一所典麗新型的大房子。石階兩旁，各式各樣紅黃紫白的花整齊地盛放着；兩翼則是葡萄、杏、李、蘋果，玉蜀黍、蔬菜，好一片青翠。此時，女兒兒子都齊聲叫出來：「這，這不就是風景明信片上面的房子嗎？」它的位置，它的氣派，它所擁抱的景色，着着都說明了主人的社會階級，是遠遠在芸芸眾生之上。

看見那一片青翠，人已覺得涼了一半，及至穿過房子，踏入前院（應該說是後院），一棵傘形的松樹下，散放着五、六白色的桌椅，前面放眼出去是一片碧藍的私人海灣。瑪瑪拉灣的遊船，白熠熠的，疾行慢駛，都是一般的舒泰，眞是一片靜恬中好看的熱鬧。我們坐下來，偶然一片清風、沒有塵污的清風吹來，暑氣彷彿第一次得以消除。主要是，離開了大城的塵俗和擁擠的壓迫，人就輕鬆了。

海灣雖美，岸邊太多海草，看來是不宜於游泳的，但主人熱心邀請，而且先自下水了，我們也只好跟着下去。水是一片冰涼透心，相當舒服。我們想着，今天在瑪瑪拉灣的水已經如此，數日後到愛琴海上，想將更加愜意。

午餐的沙拉都是採自花園中的蔬菜，非常新鮮爽口，麵包也是剛出爐的，非常香脆。

飯後在松蔭下乘着海涼，一下便睡着了。忽然我們被A教授的佣人的叫聲吵醒，原來有一大批訪客駕到。先是A教授以前在安卡拉首都時的同事夫婦兩人。他們來，就是爲了要游泳。水邊海草到底多了些，他們游了一會便沒有興緻，而且午後有點熱，我們便回到大廳裏閒聊。

我們談不了幾句，有一個人興沖沖的從後門走進來，一面說着土耳其語，一面說着美國口音的英文。禿頭而帶些重量，這個六十歲左右的男子說他生於伊士坦堡，住在紐約已經二十餘年。我們馬上便知道他是A教授在紐約行醫的表親。這位表親，也不說什麼，很直爽地宣布：請大家到他停在瑪瑪拉灣中的遊艇去玩。我們反正是客人，主人接受了邀請，我們便跟着走。

不久，一條裝了馬達的橡皮艇由海中開到碼頭來，把我們分批接過去。待上得船來，除了紐約來的「表親」外，原來A教授另一個表親的太太和四個女兒及她們的男友都在船上。這位太太才是遊艇的主人。女兒們和男友們皮膚都晒得銅色，很健康，很有活力的樣子。他們在海上游泳，不到一句鐘便到艙下房中換泳衣，時裝表演似的。這，不用說，代表着土耳其的貴族人物的生活方式。

船上一切擺設都是一派豪華。主人很熱心，不停的拿西點、水菓、咖啡、茶、啤酒來招待客人。船在海上下碇，在浪峯上搖呀搖，我和慈美有些不適；而且，老實說，停在一個地方那樣搖也乏味些。但我們倒看到了這個層面的人的生活。就拿這幾個女兒來說吧，她們昨天才從瑞士的學校放假飛回來，今天便在陽光、碧海、遊艇上享受生活。不用說，她們除了土耳其語外，也是法、德、英語全通曉的。他們彷彿是另一個民族。而在我們的感覺上，一點都不土耳其！但我們必須承認，他們那種友善、親切，他們表現之間的熟絡親近，卻又着着顯出他們是土耳其。另一方面，我也知道，我這幾日來想的社會問題，如果拿來問他們，必然是徒然的，因為他們可能完全沒有覺識到這些問題和這些問題的重要性。

（七月七日）

■大都會中的鄉土社會

我一直禁不住在想那些住在失神、殘破、衰敗、褪色房舍裏的平民，或走在街上彷彿失去了主宰的羣眾，他們的夢和現實究竟又是怎樣一種面貌呢？這，在我這樣短期的留駐中，必然是無法獲得原質性的認識的。但據一些資料的說明，所謂原質性，土耳其人自己也常常感到曖昧難辯；因爲伊士坦堡的住民本身就是一個難解的謎。幾千年來，移居在此的民族不下千種，是世界上第一個大溶爐。

「這些移民的活動造成了一個非常複雜而有趣的人民。走上街頭，在橄欖的膚色中，忽然會出現一個膚色深黑的人，或者一個北歐淡膚的士兵，或者一個具有亞拉伯特徵的男子。這些臉立刻形成一些問號。他們的祖先是誰？他們是回教君主時代從一百個臣屬的種族奪來的奴隸的後裔嗎？是派生自匈牙利的士兵嗎？自西嘉撒斯的女奴？自威尼斯的商人？這些人自己都無法回答。……在伊士坦堡，你隨時隨地可以聽到十幾種語言：寇士坦語、法語、亞美尼語、希臘語……和一大堆數不清的方言……（一個學生說）：看我的頭髮，淺棕色，但我的膚色是白的，爲什麼，我不知道。我的父親來自黑海，我的母親有保加利亞的血液……。這些新來的種族，或由於逃避窮鄉而來，或因回教君主的指令，都各自圍擁在一個封閉的自身具足的社區裏，頑強地維護着各自的舊傳統和因襲，擁有自己的教堂，自己的市集，自己的文化方式……這些『村莊式』的社區一直存在着，看似已溶合爲一的伊士坦堡大城，裏面有許多無形的邊界，構成許多舊式的既迷人又『落後』的『鄉村』，與走向現代化的大動脈形成一種奇異的並立和對比……。」

確是如此，我們在現代化的街道上，仍然會看到有人用馬拉着一車水菓沿街叫賣；在這些『鄉村』裏，在一個破敗的木屋前，婦女們聚在一起說人家長說人家短；一個穿著睡衣的中年男子走到附近的雜貨店去買日用品；或者在堆滿垃圾的石子路上，一些坐在門口品著茶的人，在等待他們穿著西裝的兒子從城中心的辦公大樓下班回來……。

是的，自從艾拓土爾克在一九二三年發起維新運動以來，民眾衣服大多接受歐式，他們棄阿拉伯字母而採羅馬拼音，採陽曆和十進法等等，但文化的深處呢？在變與不變之間，有許多說不清的溶雜。我做爲一個過客，自然更無法理出什麼頭緒來。但這種傳統與西方的爭戰，細節雖然不同，但那種情緒和那種難以避免的張力，我們在第三世界國家裏面可以找到不少的迴響。

至於那芸芸眾生的羣眾，我也不知如何去記寫。也許柯連．杜布侖十多年前的話還有幾分眞實：「土耳其人強烈地保持著自己的個性。他們沒有地中海其他諸國的氣質。他們硬朗，身體強壯，克苦耐勞。他們沒有希臘人或阿拉伯人的自戀傾向。他們很少舞手動腳和大聲叫嚷。他們的衣服懶散、隨便；男子多穿沉色的衣褲，夾克蓋著開領襯衣。年紀大的婦女頭帶圍巾，有時穿長褲；少女穿歐洲式衣裝，但很少是獨特的。希臘人、阿拉伯人抓著世界舞臺上的角色，戲劇地、動力地接受挑戰；他們的精神是躍躍欲試、探索好奇的……但土耳其人的氣質可以用 Yok 一個字來概括。Yok（不），幾乎帶有絕對的意味。它反映著一種固執、忍耐、拒絕侵犯。Yok 也說明了土耳其人從未被征服過，軍人本色，非商人個性；他有一種靜靜的信念，他安詳地接受自己和別人的痛苦。」

（七月七日）

沉雄的飛躍與空靈的引發

伊士坦堡舊城，幾乎全城都是歷史的遺跡，除非住下來，要看，是看不完的。就以回教寺爲例，眞是滿城盡是。然後還有君士坦丁堡時代的殘跡，譬如藍回教寺旁的剪嵌花彩的博物館和附近廣場上的羅馬競車場的遺柱，我們都只能走馬看花的領受。也許是一日下來熱的壓迫，那天看完了四五件沉雄的建築，已經承受不了。心裏安慰著自己：「改天再來吧。」

改天，卻還有更重要的東西看。

今天決定去看蘇里曼大帝寺，也不是說其他的回教寺不足觀，而是蘇寺居於最高點，是最大的寺院。人的心理多半如此，凡大必有可觀！

我們穿過了曲曲折折的狹巷，一些破落的區

域，那巨大的圓頂和幾支修長的尖塔已赫然在目，但帶我們的計程車仍在附近的彎巷裏轉來轉去。我們正要和他理論，忽然眼前現出一道二層樓高帶著拱門或拱門形狀的、雖破敗而猶甚莊嚴的城牆。我們馬上便認得這是羅馬式的輸水槽。這道凛凛焉的城槽彷彿從藍天上掛下來，跨在一面是四線交通繁忙的大路，一面是停留在古代「村落式」的殘破的舊區。這一瞬時間的疊現，彷彿要人去認識歷史的縐紋似的，迫使觀者作一刻的停駐和沉思。君士坦丁堡，伊士坦堡同時存在著。

走進蘇寺的外庭，沒想到這麼寧靜，除了幾個人在寺外洗足（卽一種齋戒沐浴的儀式）等待入寺

▲沉雄飛躍的蘇里曼大帝寺前洗足的設施

之外，幾乎無人。從這裏看，寺牆，圓頂，尖塔更見高揚；我現在才更能感覺到插天尖塔和鎮坐圓頂的關係。我不知道回教寺的母型建築原來的宗教含義是什麼，但我現在確然感到一種沉而欲飛的動向，是的，就叫它沉雄的飛躍吧！

我們這時卻被寺旁的一些碑石所吸引，主要是一些粉紅的花的關係。那些花是如此燦爛，如此帶有青春活力地勃然生長，展現著它們最美麗的存在瞬間。它們奮發地在一排排，但有些已經折斷橫臥的墓石間盛放。生與死竟然那麼和平地對話著，我竟然禁不住想起杜甫的詩句來：國破山河在。權力終成殘垣，自然仍然自然地再生。但一轉念，我又想，如果所有的自然都被人的建設佔領了，沒有了自然，沒有了自然再生的現象，這個世界將是怎樣的世界呢？我是來觀賞事物的美和美的事物的，我提醒自己，我想得太多了，繼續去看內堂吧。

踏進寺內，我本以爲會看到藍寺那樣的花彩。沒有。簡潔的柱，高深而不帶任何雕鑿的半圓頂和大圓頂，整個變得空靈無比，好像有一種湧動由胸中飛出去，一直要擴展入空靈中。此時，回頭再想藍寺裏輕盈的飛昇和梭菲亞聖智教堂的仰天之勢，它們都可以說是空靈的引發。

（七月八日）

■隔離天日的商場

第一次看到伊士坦堡那巨型的不見天的商場，是在一個偵探、謀殺的電影裏。看著警匪在閃爍得令人眩目的商店和攤位的大迷宮裏捉迷藏。那些五光十色，無奇不有的人物、貨物，那股異鄉情調，是那樣的迷人。

第二次看到這個鬧哄哄的大商場，是在「絲綢之路」那套記錄片裏。敍述者說，中國與羅馬之間的商旅，最大的聚合場所便是這個大商場。那時，我已發誓要去看看。

但最大的推動力，還是來自慈美。她前年隨旅行團來過，雖然只是蜻蜓點水的看過，但她娓娓的縷述，無形中把那遙遠的虛幻變成一種可感的現實。看，我們不是已經來了嗎？

這是一個由八個大閘門和數不盡的圓頂相連合成的龐大建築。大，有多大？「覆壓三百餘里，隔離天日……五步一樓，十步一閣，廊腰縵廻……」的氣象幾近之。實際的面積當然沒有阿房宮大，但阿房宮的描寫，想亦是誇張的。這個商場的面積，估計是五十畝地，裏面有四千七百餘店舖，二千餘工場，六七百攤位，另有小寺院，飲水處，警察局，郵局，餐飲店……不一而足。商場內有六十七

▲隔離天日迷宮式的大商場

條街，橫直曲折加上小道廻環，難怪電影要找來做背景，因爲這個商場的結構已是個大迷宮。每一個踏入商場的人心中都會湧起一個疑問：我走不走得出來？

先是，在拱門接拱門的廻廊街上，商店招牌如樹林，霓虹燈輝閃，從貨物上反彈出種種虛假的光，而商品掛吊下來的色彩，鮮明駁雜，在高高天窗投下來搖晃的陰影下招展，挑引著顧客。剛剛踏進廻廊街的顧客，此時還沒有適應這麼不眞實的光影和顏色，會突然感到眼睛的轉弱。進來時已經被人河擠推得幌幌然，而此時銅器店、珠寶店、陶器店、古玩店、金器店、銀器店、地毯店、皮衣店的店員，以他們震動而有力的喉音，用土耳其語，用英語，用法語，用德語，用他們三寸不爛的舌，叫嚷著，廣播著他們的商品。我們彷彿走進一個完全獨立的夢的世界。

好看的東西確實太多，我們被異鄉情調的東西包圍、淹沒。但我們不敢問，因爲講價、殺價是一種我們完全無法掌握的藝術；而且，現代仿古亂眞的技術之高，眞假雜陳，看來都很美，很雅，但我們不敢碰，雖然有時看到一些玉石做的小玩意，是那樣精緻，眞是愛不釋手。

這個現象也許是觀光事業發達做成的。譬如這裏許多所謂古董，如銅的銀的水煙袋這類土產，我不敢說不是臺灣做的。亂眞的精品還好，起碼在顏色設計的品味上，總得要有眞品的模樣。但大多數的商品，爲了討好西方的遊客，把西方藝術的一些母題加上去，要合乎西方的品味，而來個四不像，燈如是，鐘錶如是，古董如是，有時連土耳其應該自傲的地毯和銅品都如是，庸俗，粗野，不調和。這些反映出來的，不知是觀光客的低級趣味，還是土耳其工藝的淪落，或二者兼而有之。不過，這種現象，全世界的商場都有這個趨向，我們又夫復何言呢？

好看的應該是地毯街。眞的手織和機織一時難以分辨，不小心我們還是容易受騙的；但看：一片紫紅、粉紅、深紅、紫藍、藏青、天青、金黃、玫瑰黃，……疊摺如磚塊依著四壁堆到天花板上，瑰麗非常。我想，光是看色彩就够過癮了。

好看的應該是香料店，我應說，好聞的是香料店。濃濃淡淡的香味從五彩的店裏溢出，好像有生命似的，尋著你跟著你在巷裏轉。

跟著香味的召示，隨著商品的引誘，東張西望，看看新的成品，看看七奇八怪的「跳蚤市場」的破爛，一兩小時後，不知怎的我們已經走到街上來。但街上仍是商品的叫喊聲。原來商場外還是商場，隨著山坡窄窄的曲巷生長下去。不久又走入另一個蓋頂的商場，香料，肉食，餅食，花草，銅器、地毯……。如是繼續召引著。再出來時，我們已經臨近回程的渡輪碼頭。啊，這不是半個伊士坦堡了嗎？半個伊士坦堡都是大商場，另一半呢？這當然是一種錯覺，正如在商場裏行走，像在夢裏行走一樣。

（七月八日）

愛琴海卷

愛情海札記

出發前

到伊絲米亞去！

伊絲米亞（Izmir）！伊絲米亞！土耳其南方愛琴海上古代的商港，友人說，是古代的西米爾娜（Smyrna），伊絲米亞城如兩片寬袖擁抱著一個清而透明的海灣……。

伊絲米亞！西米爾娜！西米爾娜也許是古代愛琴海的一個繁忙的海港；但對我來說，她盈溢著太多的記憶，幻夢和神話，因爲西米爾娜曾經有一個世界永不忘懷的人，他，便是西米爾娜人吟咏「伊里亞德」和「奧德賽」的荷馬。

荷馬。愛琴海。誰不記起濟慈的喜悅呢？「我曾多次穿行過金黃的廣域，曾看過無數美好的王國和城邦，繞過數不盡沿西邊撒開的島嶼……一展無涯，眉深的荷馬統領著廣域，一如統領著自己的莊園……。」

荷馬。愛琴海。我夢中起伏的常是陽光打在濺起的水花上，一片如紗飄拂的虹彩，反照在酒青酒白酒藍如軟的玉石湧動的愛琴海上。荷馬吟咏的大地，充滿著神性，自然在一種閒逸的氣氛下發散著一種可親的神性：一列樹，一條淙淙的清泉，綠油油的草地，那裏女神雅典娜走過，那裏水邊的仙子嬉戲：

當東方的一顆星宣說
黎明的到臨，船便在暗光中
向島方馳去……一個海灣
在伊色嘉境內：兩塊鋒利的
高岩拱成一個避風港
把滾滾而來的海浪激散
船在深灣裏可以安逸飄游
而沙灘的盡處，橄欖樹
把它們的垂條傘開傘住水湄
傘住水湄附近岩洞黃昏光中隱藏著的
那些永恆不變的仙子，愛琴的水神
岩洞內，石上凹成一個個酒碗
來盛住蜜蜂帶來的蜂蜜神漿
龐大的石織布機後面，織女們
織著織著條條絲絮，染得如海一樣
秀麗豐柔，其間，一道清泉從洞穴湧出
永恆地流著……。

啊，水神的岩洞以外，愛琴海這亞那東尼亞的海岸彷彿處處都可以看到類似的海港，處處都是令人嚮往的快慰，譬如那出名的獨目巨人島吧：在灰藍的海岸邊是草地、潤濕，土柔；葡萄纍纍，五穀繁生。在這被柔滑地犂翻的泥土裏，經常有盛大的豐收。天氣是四季如春，最適合植物的茁長，土壤極其肥美……港口的尖端是岩穴下湧出來閃閃生光的清泉，繞著清泉的是白楊樹。

伊絲米亞如兩片寬袖擁抱的那個清而透明的海灣，可就是荷馬這些描寫的源頭？到伊絲米亞去，誰此刻不帶些興奮呢？也許除了愛琴海的港灣之外，我們還可以看到荷馬滔滔不絕地吟咏的一草一木和在那裏穿行的古代的人民？看到，比方說，艾克依魯的花園：

左右兩邊，他看見一片菓園
柵籬外，在四畝寬廣的土地上
是盛開的花樹，等待摘取的纍纍的果實：
水梨、石榴，閃閃生光的蘋果，
令人垂涎的無花菓，黑熟了的橄欖……
果實在這些樹上從不失敗：冬天
夏天一樣生長，成年的西風吹送
讓果實一一依次成熟……
在帝苑內發紅發紫
一面葡萄裸露向太陽，等著曬乾，
在葡萄架和酒桶的外邊
農人正悠然地走著，看身邊
綠蕊落葡萄隱隱初生
或是半熟的果串，微綠微紅。
再過去，一浪一浪一疇一疇的蔬菜
千種萬種，不辨季節……
這些天賜給艾克依魯的禮物。

在這現代的土耳其古代的荷馬世界裏，聯想記憶也是流泉似的湧現著，在隨後數日的愛琴海之旅裏，我們將看到荷馬以外提奧克里斯牧歌和田園詩的景物？我們將看見那吹蘆笛、吟詩、在樹蔭下、在岩洞裏和雲雀燕鳥對唱、和同伴爲一個情人「賽唱」的牧羊人？

荷馬。愛琴海。永遠是太陽化作水花的國度。我們如是想著，如是夢著，在出發前。

（七月九日）

伊絲米亞：傷殘過後

在飛往伊絲米亞的土耳其航空飛機上，機艙嶄新而乾淨，服務也一流，和前幾天在伊士坦堡看到一些失神、沉灰、殘破、衰敗、髒亂的房舍與街道，形成強烈的對比。我們同時注意到兩大類人種。我說兩大類是一種印象式的分撥；其實，土耳其民族種類溶匯交雜之多，到今天很多已經無法尋根歸源的了。我注意到的一大類，膚色較白，鼻子較挺拔，有高加索或希臘人特徵，機艙裏的空中小姐便是屬於這種類型。另一大類，膚色較黑，身段較矮；男的略帶鬍子，似阿富汗那邊的人。照我們沒有什麼統計的觀察，好像下層的工人多半是後者，前者常常出現於中產階級以上、屬於知識份子的階層，教育程度兼土、歐文化。其中有多少還留著當年突厥的血液，多少滲雜著小亞細亞諸古民族的血液，則完全無法估計。

由是，我又想，經過數不盡的興亡史的伊絲米亞，我們還看得到西米爾娜的面貌嗎？我們還看得見穿行在果園和港灣之間的古希臘人嗎？

「荷馬時代，風族建城於此。然後伊安尼亞人滅風族，里迪亞人滅伊安尼亞人，焚城。亞歷山大重建西米爾娜於柏加斯山……然後，大地震將一切夷爲平地。拜占廷的奧里尼將之重建……啊，數不盡的鐵蹄踏過，亞拉伯人，突厥人，熱奴亞人，十字軍，帖木兒。奧圖曼、蘇里曼大帝又重建爲國際港，各國商船聚集，土耳其人，希臘人，意大利人，德國人，亞拉伯人……。一九二二年一次無故的大火，燒去大半個城……。」

傷殘過後的伊絲米亞，現代的荷馬在那裏？我還應渴欲看見古代希臘人的形影嗎？但當我們從機艙的圓窗看出去，好壯瀾的一片碧藍的愛琴，好宛曲的港灣，誰又不繼續夢入閒逸、安詳、水聲淙淙

的岩洞呢？

飛機在城外停定。安排好的司機和車已經在等著。我們馳過一些塵飛土黃的郊野，在突起的高處下看，確有一個兩袖環抱的港灣。是霧靄滲著反照的陽光的關係嗎？港灣一點也不藍，事實上，頗有泥土之色。遠遠，船隻滑行，倒有傳說中的安逸。再看下面的城，則盡是工業建設，噴吐著污穢。這，這就是荷馬的誕生地嗎？

總是不願夢一下子就完全破滅，心中遂響起：「也許……也許」之聲，安慰著，撫慰著。

伊絲米亞比伊士坦堡好多了，我是說，在這火熱的季節裏。在伊士坦堡，有好幾個羅網網住我們。第一個當然是凝滯不動的熱氣；第二個是令人不能呼吸的髒空氣；第三個是我們怎樣逃也逃不掉的太陽，那太陽彷彿老停在那裏一動也不動，永遠在頭上，永遠不下去似的，一直到晚上九點還在；第四個是車聲、人聲、種種喧鬧，夾著車的廢氣和其他的氣味向我們攻擊……

其實，伊絲米亞也並非不熱，事實上更熱，攝氏四十三度；但因為人車少了，空氣暢流些，整個人就輕快起來。也許是海風的關係，在樹蔭下竟然還有些怡然的瞬間，至於荷馬傳說中的四季如春的惠風，現在已經不敢奢望了。

伊絲米亞是一個新城，一個沒有什麼想像的新城，正如許多為了功利和實用而建的現代城市一樣，單調乏味。古蹟呢？很多宏麗的古蹟都在距伊城半天車程的外地，我們明後天會去看。但希臘人還是留下了一些殘牆斷柱，靜靜地跡記著一種生活，一種活動。

我們穿過了一些矮小房舍錯亂交匯的小街，來到一片樹立著一排哥林多式斷柱的空地，地上橫臥著另一些斷柱和帶著雕像的柱頭。這塊空地便是亞歷山大大帝時代建的街市（Agora）。這片以廊柱圍起來的商場，現在雖然只餘殘柱，但仍然可以使人從建築的品格品味感到其盛時的宏麗高雅，和現在圍繞著它的一些粗糙敗落商市泥黑的矮建築，和生活在其間的一些髒亂一比，我們禁不住要問：這些人，這些生活，就是古代希臘文化的後繼嗎？是戰爭的欲望在不斷的破壞中所造成的敗落嗎？

我們踏過斷柱，走下階梯，赫然一個帶著完整拱門的宮殿格局，在熱烈地迸生的羊齒植物之間展現出來。這個仍具雄姿的殿堂，今天竟然一個遊客都沒有，在住滿了綠草綠樹和鼠兔的空蕪裏，似乎在訴說著一種無可奈何的哀怨。

同樣地，在山頭上亞歷山大大帝建的城堡，除了一點點兒破牆，一些類似地下貯水宮的廊柱模樣的殘跡之外，我們只看見幾個裹著一身衣服的回教婦女在松樹間追喚著孩子，和滿地的廢紙和垃圾，和散在山頭向著愛琴海而建的一些茶座。亞歷山大王朝畢竟是太遙遠的事了。幸好這時一直沒有變的古代的太陽正緩緩落下，把愛琴海照得一片金黃，我們此時什麼也不想，倚著城牆，作一刻羅曼蒂克的沉醉，直到港灣一片血紅才下城去。

（七月九日）

貝格爾曼：邃古記憶的湧復

用「單調乏味」來形容伊絲米亞這個新城已經是很客氣了。我們沒有想到這個漂亮的港灣污染程度這樣厲害。我們出城要到貝格爾曼古城（Bergamum）去時，沒想到一路臭水的氣味從水面攻來，極其難聞。就是擁有最宏麗建築的城，長期籠罩在臭味裏，怎樣也美不起來！更何況山邊的建築，固然沒有古代的形影，但也沒土耳其風味。依山而建的房子，矮短的蹲著，方方的一個瓦頂，沒有變化，沒有景觀可言。一些高升的建築，全部火柴盒式公寓，與香港難民初到時建的徙置區無異。這些公寓建築，在乾涸的山頭上，像大的碑石在熱氣中蒸騰。矮矮的房子，有一二處簡直像鴿籠式的墳墓。

出了城向北走，走在平原田野，在一些小波浪的山丘間的車道上，倒開始看到了荷馬詩中提到的景物。最顯著的是葉葉閃翻著銀灰的橄欖樹林，一山又一山，一田又一田，相當的多，有一種奇特的美；雖然此時，它們周圍的色澤並不鮮麗，亦即是說，山頭田野的綠略嫌乾澀了些，無法把銀光襯托得更活潑。也許，在春天，在荷馬說的惠風和暢裏，新綠銀光，確有一種燦麗也未可知。

田裏種有不少的葡萄、桃子、李子、杏、西瓜和其他的水菓。路旁設有水菓的露攤，過路人都停下來買一大堆，作爲大熱中水份的補給，我們自也不例外。

▲古城貝格曼神醫區，頓見斷柱中雕有蛇形，是象徵古神農氏之一艾施苦勒布施，或象徵病人如蛇脫皮而得新生命

除了這些，路上偶然也看見一些驢車，載著柴火草料雜物，在公路旁緩緩的行進。乾綠的田野上，有時也出現一大片割後的金黃的麥稈，滲著附近一些不知名的挺拔的青白花，在蒸騰的天藍下，自有一種地中海的興味。

不管怎樣，離開了已經沒有什麼希臘文化跡象城市，到了從古代持續至今的郊野，尤其是沒有人工耕植的處女地，山，山谷，原野，這些還應是希臘時代各種文化、羅馬文化、拜占廷文化、回教文化行經和見到的景物，起碼有幾分鐘可以讓荷馬時代的景物佔有我們的遊思。其實，我們也並非一定要見到什麼可辨認的景物，但人就是這樣的，記憶——雖然是書本給我們的記憶——有一種親切的抓住我們的方式，正如我八年前在西安看到灞橋會情怯一樣，正如我在英國杜華海峽，西敏橋，和莎翁故鄉無法不被安諾德、華茲華斯和莎翁的十四行詩佔有一樣。

車進入現代的貝格爾曼城，遠遠看到山頂上一座殘堡，那便是雄霸小亞世亞的古貝格爾曼王國的天城。這個盤踞在頂峯上的衞城，是亞歷山大大帝一個將軍萊西馬克幾個後繼人所建造。除了威振全小亞西亞之外，最有名的是這座衞城當時的圖書館，有二十萬册。當時的聲名幾乎要趕上古埃及的文化重鎭亞歷山德利亞。埃及怕曼格爾曼的圖書館會把亞城的名學者吸引去，決定把製紙的紙草（Papyrus）的供應切斷，但貝格爾曼的科學家卻發明了羊皮製紙（Pergamen，卽英文的 Parchment）來取代。這種把文化、學者視爲國寶和不惜訴諸爭戰以求全的心態，很值得現代視書籍和文化爲草芥的人們去反省。Papyrus 和 Pergamen 是談古代西方文化起源不可或缺的兩個字。

我們的車子沿著山路蜿蜒而上，一路山風愈來愈大，暑氣和塵累盡消。到半山時，回頭看山下現代的貝格爾曼，好一片紅瓦屋頂，被拔起的山谷抱著，溫暖而開濶，視野一展入空無。轉過山角，便是古城貝格爾曼。先是一些殘垣，然後看見一排排

斷柱圍成一個長方形，其中一邊，大概已經過修建，柱頭上架著一塊帶著雕像的橫匾，想這必是雄振埃及的圖書館所在地了。因爲其他的牆壁已不在，很難想像其壯麗；倒是從柱間看過去，四面深而遠的山谷，加上殘堡的氣勢仍在，卻又不難想像其盛世之時，學者們或者詩人們憑窗御谷，在堅固的衞城的保護下，作玄思的追索，作想像的飛翔。但現在看去，有些凌亂而高低不平的土丘間、斷柱間、碎石間，只有一片不知名的黃花和紅花，挺著一種傲焉之姿，在微顫的太陽中搖曳。而附近的一個貯水井，雖具一些拱門形狀，已經喚不起什麼古代的生活情態。

▲我們踏過斷柱，走下階梯，赫然一個帶着完整拱門宮殿格局，在熱烈地迸生着的羊齒植物和無花果樹間展現出來，這便是伊絲米亞亞歷山大帝遺留下來的古商場

倒是房邊依山而建的一個半圓劇場，竟然完整無缺的坐在那裏二千餘年。我們通過一條石道，進入劇場的高處，坐在樹蔭下，往谷底看去，一級級環形的石階有節奏地延伸下去，大約可以容納一萬個觀眾左右。舞臺附近卽是希臘戲劇之神戴奥尼西斯神廟，現在已經殘破到面目全非了。但坐在石階上，聽偶爾吹來的嗖嗖的山風，近而又遠，遠而又近，彷彿正廻響著古代觀劇者的喝采的潮汐聲，一浪一浪，從古代湧來又去遠。還是從這裏開始，漸漸的湧向遠方而漸滅呢？

而離此不遠的山谷裏，原來另有一個修建完整的小劇場。這個劇場是在神醫區中。這個古代的醫院，沒想到那裏的廊柱完整多了。兩旁排立著數丈高的廊柱的甬道據說名叫「聖道」，意謂引向復原歸眞之道。在一些斷柱附近，我們找到猶具原始形狀的浴池，現在積有雨水，勉強可以提供一些古代洗浴的聯想。「聖道」盡處，見斷柱上雕有蛇形，是象徵古神農氏之一艾斯苦勒布施，或象徵病人如蛇脫皮而得新生命。

在這個古代的醫院裏，據說診斷的方式常用解夢；治療的方式則包括按摩、泥浴、草藥、膏油和飲聖水。我們已經無法尋到這些痕跡，卻無意中發現一道流泉，石管中猶在滴落。我們都搶著去洗臉，管它是不是藥到病除的聖水，在如此火熱的太陽下，爽爽神就不錯。慈美趁勢把在伊士坦堡被蚊蟲咬得完全紅腫隱隱作痛的兩隻手臂洗濯洗濯，說不定眞的水到腫消呢。

聖泉旁有一排完整無缺的廊柱，非常壯麗，依著小劇場而建。原來這一排廊柱，是另一個圖書館的遺址，可見當時人文活動之盛。

在聖泉附近，我們找到一個地下的入口，是一條用磚石砌成的廊道，引向一間只餘基石的神廟。是的，這些斷柱破石，已經沒有什麼雄姿可言。但正如我們在沙雕上看見足印而感知到有人一度行經於此，看見高山上的一些橫列的波紋知道海洋曾經浸湧其上一樣；斷柱破石卽是一種留痕，我們穿行其間便彷彿踏著古人留下的足跡，一種神話、一種歷史、一種既模糊而猶覺赫然在目的活動彷彿在我們的身邊浮動，思接千載，我們彷彿得了一些新的邃古的記憶。

古代也這麼熱嗎？我突然那樣想。爲什麼荷馬的詩中沒有給我那種感覺？也許在古代，愛琴海岸的氣候和現在不一樣。在午後灼人的火熱裏，我們禁不住想到水來，貝格爾曼古城雖在山頂上，我們離開海岸其實並不遠。好，我們就向愛琴海岸開去。

綠玉髓

水青色的清藍色的清
向虎珀的崖岸

車子到了艾維立克的時候，不知是松葉的香，還是沒有工業污染的空氣特別清醇的關係，微颸是那樣的舒服，穿行於山上山下古蹟的疲倦突然得到了放鬆，我毫不費力地便睡著了。迷朦中，一些水聲夾著一些人聲把我喚醒。我們已經在愛琴海邊，但這邊是渡假海灘，人太多了；我們轉向北行，很快便離開喧鬧而到了一個小鎮上簡陋的公園。這個公園就在海邊，有一個格子涼亭的茶座。我們叫了一壺土耳其茶。此時一陣爽快的海風吹來，我們隨著海風看出去，沒想到海灣是如此的近，眞是伸手可及；沒想到海灣是那麼平靜，有風而無波；最沒有想到的是水是如此悅目的翡翠的青；是如此的透明，琉璃的透明，水晶的透明；是如此的柔和和溫暖，如一片等待著你我沉入的溫軟的玉，溫軟的琉璃、溫軟的水晶……綠玉髓，水青色的清藍色的清，向虎珀的崖岸，信然！

（七月十日）

神母之國：艾菲斯古城

一早起來，太陽非常亮麗。如果在春天，惠風和暢，今天南下到艾菲斯古城（Effes, Epheseus）應該是賞心悅目的。但今天比昨天還要熱，四十四度。這樣的熱度，最好是回到透心涼的愛琴海邊，浮沉在柔軟綠玉的水裏。然而，人的行程總是這樣，往往受限在一定的方向和時間裏；這次不去艾菲斯古城，就不知哪年哪月可以再來。誰知道還有沒有重臨的機會！艾菲斯，艾菲斯這個名字太響亮了，誰都不可以放棄這個機會。

話說公元五十四年一個夏天的破曉時分，數千艾菲斯人被銀器匠德密特里斯一一喚醒，擁到大劇場去。因爲聖保羅在那裏傳道，說偶像不是神，不是眞主。這個信息威脅到全城月神艾菲斯神廟歷代銀做神像的貿易。整整兩個小時，艾菲斯人不停的高呼：「艾菲斯人的月神萬歲！」聖保羅，身穿白袍，手執神杖，完全無法使他們平息。事實上，他幾乎喪命，他在千鈞一髮中狼狽地逃出城去。但「艾菲斯人的月神萬歲！」的叫嚷，其實已經是有七千年歷史的神母最後的呼息了。

艾菲斯是古代貿易與宗教的中心，是繁殖之神西貝里神母（Cybele）的重鎭。伊安尼亞人占領該地後，易神母之名爲亞丹密斯（Artemis），並建宏麗神廟。羅馬人來到，又易名爲戴安娜。這座神廟即古代七大奇景之一。聖保羅雖落荒而逃，但不久基督教便成功地滲透艾菲斯。聖保羅書其中最著名的章節即執筆在艾菲斯古城。層層爭戰，波波興亡，留下了什麼痕跡呢？而那些痕跡又反映了什麼信仰、生活意念、表達風範的抗爭呢？這些當然是看艾菲斯這樣的古城最容易感受到的東西。

我們講變遷時常常喜歡用「滄海桑田」這個成語。這，用在艾城最貼切。城中心大圓劇場對出由兩排廊柱形成的通道，盡頭處原是千萬商船麕集的

▲艾菲斯古城屍骨似的遺跡

海港；但現在，這個盡頭是矮樹叢，是田，是公路，是村落，是城鎮：現在的海港在十八公里之外，極目而不見。

艾城在古代的熱鬧，必然不下於現代的大城，就看留下來依山而建的圓型大劇場，在過去，或現在，都可以容納兩萬五千人，便可見一斑。事實上，再過八天，美國六十年代名歌手鍾・貝爾絲將要在這個劇場演出。據說附近大小城鎮將會擁來二、三萬人。可惜我們無法留下，感受一些類似古代的熱鬧氣象，和聽一聽自然環境構成的音響效果。

看這個古城和看貝格爾曼最不同的地方是：這個廢城的骨骼（啊，多像一個人死後留下的屍骨啊！）很完全，不像貝城那樣零碎。整個城的大致氣象猶在，雖然有時只見基石或半面牆蕩然柱立，但都仍然令人驚嘆其宏壯綺麗。這個城，不只是考古學家的寵兒（他們可以住上數年而研究不盡）；不只是藝術史學家的寵兒（他們也可以住上數年而

▲艾非斯古城中赫然在目的，是精雕細刻的賽蘇士圖書館傲然獨立的半片牆

▲艾菲斯古城：走在古理德斯路上可以隱約領會古代人霍霍穿行的律動

研究不盡，希臘前種種宗教的浮雕，希臘時代的浮雕，羅馬時代的浮雕，和每次文化爭戰後的跡滅、變形、溶合、別創：地上的剪嵌花彩和浮雕上呈露的生活動態與情態，圖書館上細刻的種種紋飾，一些住宅所代表的階級與生活藝術的範式，如城中仍可見的狹洞式的妓女戶……。）就是平常人如我們，走在古理德斯路上，也可以隱約領會古代人霍霍穿行的律動。

現在讓我記述我們進入遺址依次所見景物。進口處，我們首先看見維德爾體育館遺址。因爲殘牆斷石已被樹叢隱蔽，沒有人指出，根本不會注意到；則現在臨近，也只見間隔磚石而已，第二世紀全盛時期的模樣已無法喚起。左面的運動場亦如是。後面是一組浴池，溫泉裏洗凝脂當然也不易想像，倒是這些浴池的名字「醉池」惹人暇思，是一種「酒池肉林」嗎？據說考古學者在那裏找到不少酒器。

「醉池」對面，是一對教堂。我覺得應該稱爲四重教堂，從它不同的材料和風格看，這個教堂大概曾經重建四次，雖然現在只見些半邊的圍牆、柱石、拱門、和一些房間格局。其間有兩三進的長方形的內堂，中央有一個直徑十尺的大聖洗盆，陽光從天上直瀉下來，彷彿有水氣從其中升起。現在破牆間長滿了野草野花和一棵乾瘦的無花果樹。這麼大的教堂，估計在盛時可以容納數千信徒。

這個教堂不但名爲聖瑪利，而且還盈溢著許多聖經的歷史。據說第五世紀時，這裏還是萬國基督會的聚會場所。更早時，耶穌的門徒聖約翰曾在此傳道；事實上，離此不遠的賽爾束（Selcuk）地方一個小山頭上，還有紀念他的城堡與教堂，因爲他晚年在此寫他的福音云云。傳說，聖瑪利晚年亦在此渡過，山上另有「瑪利亞故居」的遺址。這當然都是在「神母」失寵以後的建設。

現在我們進入一條寬廣的大理石通道，亦即是我前面提到的海港通道，右面通向海港，左面通向大圓型劇場。這條海港通道爲亞克廸安所建，廊柱是希臘的廊柱，廊柱巍峩而雕工精細。想像當年柱石間都是樓房店舖。從地中海和愛琴海的船在港口停泊後，載來的珠寶、香料、膏油等一車一車的走過大街。或者王子遠征得勝歸來，儀仗隊由此行進，兩旁觀眾，衣帶飄拂地在歡呼……其熱鬧也許可以與清明上河圖比擬。

至於圓型劇場，其高與大，從場心擡頭看，往往頸子都彎到累了才看到最高的一排。劇場的西北角有一個古希臘式的噴泉，由一對伊安尼柱持護著。入口附近一個個石室，顯然是更衣室。正門上雕有諸種形象。聖保羅的傳道，即在這個劇場舉行。

劇場對面，我們先是看見由廊柱建成的街市，是古代貿易的主要場所。旁邊是著名的賽蘇士圖書館，一片三層廻廊的牆壁傲然獨立著。過去是怎樣的模樣，有什麼書，誰在那裏工作，我們都不必問。我們只要看牆壁上的花紋與浮雕，細而入微，人物躍然欲出，便足以徘徊半日。

▲艾城依山而建的圓型大劇場，在過去，在現在，都可以容納兩萬五千人

▲艾菲斯古城夏帝廟的浮雕女兒國的世界

妓女戶那邊，卻是另一番景象。我們在大理石路上已見到一個女子的足印，據說這足印卽是古代的一種廣告標示，引入走向前方尋香去。妓女戶的建築竟如洞窩，階級貴賤之分由此可見。我們在附近找到一個猶在滴流的泉水；現在是正午，身體燙熱，口舌乾澀。見到大家都在用瓶子盛水，我們也裝了兩瓶從古希臘滴流到現在的泉水，輪流分飲，果然清甜透涼。

我們繞過牆角，彷似峯廻路轉，前面一條白石的大路，兩旁都是房舍宮室，一路伸到山谷裏去。我們馬上注意到左面的夏帝廟(Hadrian Temple)，很巧美宏壯。一個大前庭和一個小堂。前庭由四根哥林式的石柱構成，中間兩根形成拱門，門上刻著女神泰契的半身像；楣石上則刻滿古代盛行的母題，包括鷄蛋和珍珠串。在第二個半圓的楣石上，另外刻有蛇髮女神，從莨苕花葉中湧出。從另一個角度看，可以見到四幅浮雕，一些神與女神狩獵的追逐；女兒國的世界；女兒國和酒神的行列和幾個顯然與艾菲斯城有關的神祉的雕像。

廟的對面，依山而建的是一些住宅。現在只餘斷柱和磚石，但通道、廻廊、牆壁上都是壁畫和剪嵌花彩的圖案，記下古希臘時代的生活情態。譬如衣帶飄然的女子像，神話人物的剪嵌花彩，古希臘戲劇的場景，如優里彼得斯的「奧里絲特」（Oreste），如眉南德的 Sikyonias 等等。

往山上走，還有紀念 Trajan 的噴泉，還有市政府的商場，還有市政府的辦公廳，還有奏樂場，還有……。

回頭一看，遊人如織，現代衣裝，穿梭在斷柱半牆之間，代替了古代住民的活動。突然間，古代現代同時閃過眼前。是的，我們走過的只是一個古城的屍骨。但因爲全城的氣象猶在，而那些高度藝術的留痕，一絲一片，卻因著我們的穿行而一一串起，一一向我們靜靜地訴說著那已經湮滅數千年的生命。

我們在裏面留連忘返，努力把所見的每一個印象惦記；但景物是那麼多那麼豐富，一時覺得無限的沉重，沒想到記憶的試圖可以變得那樣的沉重。我們看完又看，總是覺得遺漏了許多，而新景物的記印卻又把一些舊的記印擠走。雖然我們萬般不願意離去，也無法不起行了。一天中，腦袋中只能容納這些兒美，最多些也就載不下。

不知誰突然提醒：我們還沒有看到號稱古代七大奇景之一的亞丹密斯神廟！對了，這個廟在那裏呢？陪同的人才說在離城不遠聖約翰城堡的山下。這，我們怎可以不看呢！亞丹密斯神母的大理石像我們在到愛琴海這一帶前便看過照片，是一個很奇特的雕像。

亞丹密斯是一個多乳頭的女神，多乳頭（約二十個）當然與繁殖有關，所以亞丹密斯一向被視爲繁殖之神。她頭上頂著一個形似廟宇的冠。據說這代表她對城市的監護。她的裙上刻滿了牛、獅子、斯芬克斯（獅身男頭、或鷹頭、羊頭），這表示她是動物的保護者。至於她額上的月形，又說明了她

▲艾菲斯古城所供奉的神母、繁殖之神亞丹密斯

同時是月神。顯然地，她是自然的元神，人類的生存的持護者。荷馬在史詩「伊里亞德」裏曾說：「讚美亞丹密斯！她在蘆花滿溢的美里河邊飲馬，然後坐上金色的馬車閃過亞米爾娜（按：即荷馬誕生地）向葡萄園……。」又名西貝里的亞丹密斯顯然是小亞細亞最古老最受膜拜的大神。

亞丹密斯廟，曾經七毀七建。最早被黑暗族所毀，但復建一次比一次大。亞歷山大大帝曾願意協助，希望艾非斯人以廟紀念他；但艾非斯人拒絕亞帝的協助，自力將之重建，以保持亞丹密斯廟的純粹與聖神，可見虔敬之一斑。

我們出了古城，穿過由大樹夾道構成的隧道，到了神廟所在地，卻只見一柱擎天，有十九米高，前面一池死水，一些斷石和在其中游泳的鴨子。陪同說，整個舊廟基層仍在挖掘中，也許以後可以回復舊觀。這個只有阿房宮的「覆壓三百餘里、隔離天日……五步一樓、十步一閣」可以比擬的大神廟，（據記載，十九米高的石柱，一共有一百二十七根，形成一個最大的石柱林）。此時，竟響起蘇軾之句：固一世之雄（神）也，如今安在哉！這個古代七大奇景之一，也只能在文字的描述間追尋了。

（七月十一日）

■棉花城堡：百沐皆麗

還好我們決定去看百沐皆麗（Pamukale）。古代人造的奇景湮滅，自然生長的奇景卻長存。別號棉花城堡的百沐皆麗的好看，實在非筆墨所能形容。

決定由艾非斯古城東行，還有一個好處，那便是看到更荷馬式或提奧克里斯式的田園。

翻過山頭，我們走在一個肥沃的大山谷的路上。兩面夾谷都是拔起的高山，在下午的蒸騰裏；

粉藍粉灰地懸掛在藍天下。左邊近處時時出現一些丘陵，古怪凹突，禿頭而又帶點樹木，有些熟識親切而又陌生的感覺。我在那裏見過呢？不可能。不可能。我默唸著。

大山谷中兩旁，除了大樹林大樹林銀光閃閃的橄欖樹外，大概谷地肥沃，到處都充滿綠意。此時是七月，是夏天，綠已轉深；但與前天昨天不同的是：綠色的層次很多，深中見淺，淺中見淡。如此層次多的綠色；馬上便把橄欖林，無花果，桃、李、杏、和葡萄、野花、蔬菜的個性托現出來。又由於田野廣闊的伸延入遠方，行旅者如我們就比較能身處其境地和憶起的提奧克里斯的田園世界印證。看著看著，記憶有點幻化成眞，我們開始確切地走在荷馬的土地上。我想這個感覺幻化成眞，與山谷中少大城的建設也有關係。小路，小村鎮，被層變的綠色裹著。這和工業或大城的密集屋宇把自然蠶食得七零八落的感覺當然不同。在後者的環境裏，要和荷馬世界的記憶接合完全是不可能的事。正如我在西安時，在乾的黃土氳氤裏，怎樣也想不起王維的「空翠濕人衣」一樣。彷彿要補足我要尋覓的景色似的，在一些水邊，在一些原野上，偶然還出現古代田園詩不可或缺的羊羣和牧羊人，雖然那些牧羊人好像沒有吹著蘆笛。彷彿要逗我金黃的想望，一大片割後的麥田，一波一波的金黃入遠山。

在這些記憶熟識的景物裏，我們也看到土耳其式的村落。房屋不算特別，大部分是白牆紅瓦的農舍，但偶然總會見到一支小小的回教堂的尖塔（這當然是古希臘時代所沒有的）。路上有時會見到包著頭的回教男女，數字上比大城中要多得多。村前鎮前常有茶座，不是挺講究的，幾張桌椅擺開，村民鎮民舒泰地（彷彿時間是靜止的那樣）飲著茶和品視著大路來來往往的活動。這樣的茶座，這樣的品茶和品視大街活動的情形，幾乎經過的每一個村鎮都可以看見。

百沐皆麗相當遠，車程單向就要三個小時，但到了馬上就覺得不虛此行。首先，是山邊突出大形碗狀杯狀的懸岩奇麗，當我們沿著彎路上到半山的時候，已看見銀白如棉一大團一大團如花如雪在山邊展開。因爲團狀巨大，又似依岩而建的城堡；事實上，再靠近些，又感覺到像童話世界由岩穴構成的房舍。及至我們到了山上一看，又是另一番新景。那些碗岩杯岩，一級一級的盛滿了藍灰的水，像一個一個淺水湖，個個滿碗滿杯，從碗沿杯沿溢出，一條一條白絲白絮如流蘇從碗邊杯邊流下。白絮和藍水互相輝映著，在陽光下，在天的另一種藍色下，在附近的山綠裏，好一幅綺麗奇麗的圖畫。

▲百沐皆麗的溫泉泳池裏盡是羅馬時代希爾羅堡的斷柱；浸泳於古代斷柱之間，有一種說不出的滋味

百沐皆麗這些棉花城堡和淺水湖，是由地下湧

▲棉花城堡：百沐皆麗的溫泉淺水池

出的溫泉構成，水中的氧化鈣帶著積泥溢流，把岩面滴滲成類似鐘乳石的肌理，因爲色澤白色而時有晶光感，在陽光中爍然亮麗。既是溫泉水，碗中杯中此時自然有不少人在那裏洗沐和浴戲，一片熱鬧的場景。

這個地方原來也是一個古城，稱希爾羅堡，專供奉太陽神亞波羅。現在正由意大利一批考古學家發掘重整中。可以想像，這必然也是希臘人、羅馬人、奧圖曼人逍遙戲浴之地。這自然也是現代土耳其人浸浴舒伸之地。在古城邊緣，現在已建有旅館讓人休憩渡假洗溫泉。我們奔馳了三個小時，一身塵累，此時正應浸泳其間，逐走旅途的疲倦。我們一家換了泳衣，走到池邊一看，眞有意思，現代式的溫泉池裏盡是斷柱，古代宮室的斷柱。是羅馬時代溫泉池原有的斷柱嗎？我們也不去追問，從容下水，隨著希爾羅堡的後裔，浸泳於古代斷柱之間，有一種說不出的滋味。

入到水裏，我和慈美都同時想到另一次浸浴溫泉的經驗。那是在加拿大冰府城的山上，當時全城冰封，我們被拔起萬尺的冰峯包圍著。在山谷中，竟有這麼一個溫泉泳池；我們穿著泳衣，在熱騰騰的水中浸泳，抬頭四看，盡是寒氣割目迫在眼前的雪峯，那確是難忘的記憶。

現在恰恰相反，外面是高熱，水則只溫而不熱，甚至是清涼的！這個溫泉特別的地方，是它保持一定的溫度，多天來是熱騰騰的，夏天則是微溫帶涼，難怪古代人現代人都愛在這裏逍遙。

浸浴過後，我們又走到山邊自然的岩池去。這時太陽已有斜意，不少泳客躺在棉花石上曬太陽。我們到每一個岩池試水。第一次踩入池中，感覺是怪怪的，一腳的滑泥，令人聯想起泥沼。其實，那些積泥是乾淨的，據說對身體還有許多好處。這，大概和我們的關子嶺溫泉相似。我們前前後後走動，看自然形成的「棉花城堡」，驚歎自然滴刻之工。然後，我們發現了一片岩壁；溫泉水由上沖下，如一片白色的水簾，我們乾脆靠著岩壁，或者坐下，任溫泉水簾打在我們疲憊的身體上，自然力的按摩，溫柔細緻，打著打著，一片溫暖，一片涼意，我們不欲歸去。

（七月十一日）

夢入酒藍的遠方

昨夜進入古薩達斯（Kusadasi）這個渡假港城的時候，我們就像白日累了要隱入黑暗的懷抱一樣，也要讓一天來承載景物的重量卸下，準備休息。沒想到此時的古薩達斯正是華燈初燃：正是年青的夜。所有的店舖都開著，尤其是各式各樣海鮮的餐廳。沿著港灣的大道，盛裝和休閒服裝的人在那裏散步；年青的拿著啤酒在碼頭喧鬧；一些小孩子在兜售一些紀念品。夜正年青，其實，夜可能年青到深夜，因爲這港城不完全屬於土耳其人的，我是說，在那裏散步逍遙飲酒享受晚宴的，大多是地中海「愛之船」下來的遊客，和對面希臘莎慕島過來的遊客，很多希臘人，但也不少法國人、德國人、英國人、西班牙人。在我們吃晚飯的餐廳裏，便完全像一個國際港，什麼語言都可以聽見。

我們畢竟太累了，沒有氣力去看夜的生長和活動，便趕到預定好的旅館去。大概旅客太多，旅行社替我們預定的旅館很不理想，既無冷氣，又多蚊蟲。土耳其人倒和氣，做了一些調整，雖然還是熱，勉強還可入睡。

早上起來，陽光鮮麗，踏上大街，正面對著酒藍的愛琴海，整個人都爽快起來。街上已經很熱鬧，昨夜的遊客，啊！也許是今晨新的「愛之船」帶來的遊客，都在沿岸的禮品店張望。沿海都是皮革店，珠寶店，和少不了的繁花色澤的地毯店，銅器店，古董店；然後便是旅館、旅館、旅館……。有些掛毯，全絲的，眞美。店員用了種種誘人的方式勸我們買，我們也心動；但想著前面還有很長的旅程，便把購買慾壓了下去。

離開大街，轉向海角，那愛琴海的水色翡翠湛藍，在陽光中流亮無比，令人沉醉，尤其是我們從安巴特旅館酒廊回頭看到的海灘，水色尤其透青，誰看見不想縱身入去呢？女兒蓁和兒子灼終究忍不住，馬上換了泳衣，溶入沁涼的水戲裏。陪同的人說，這是很有名的海灘，叫做「女子灘」，叫「女子灘」，想是溫柔舒服之意吧。

在安巴特旅館的泳池旁午飯，看到一些燕瘦環肥的穿戴，相當有趣。有些好難看的身裁，肥大的屁股，摺疊的肚皮，下垂的奶，居然也穿少而又少的三點式，不知要展示什麼！有些女子大概是歐洲來的，一到海灘上便「上空」下水去，或穿洞洞裝，大搖大擺的走來走去。對她們來說，半裸甚至全裸，也許是很自然的事；但在一個很多婦女要用大衣把全身裹住、用布把頭包得只見臉部的回教國家，出現這些便是大大的諷刺。奇怪的是，在旅館的電視上，性感的鏡頭、做愛的鏡頭也都常出現，宗教（譬如早禱、午禱、夜禱的廣播）和這些又是怎樣協調的呢，這確是耐人尋味。事實上，現代化中的土耳其，究竟和古代的文化作了怎樣一種對話，做了怎樣的割棄，接受了怎樣的變化呢？這是龐大而沉重的問題。此時，我，做爲一個局外人，一個遊客，能說什麼呢。看著不斷透青誘人的愛琴海，在下午刺目的陽光下微微的顫動著，依著一波逐一波的潮湧，很快便夢入酒藍的遠方。

■ 愛琴海在記憶的深處

終於馳航在酒藍的愛琴海上。

英國詩人安諾德在他的杜華海峽夜裏聽潮而聯想到愛琴海，他說：

開始。停止。再開始。
以它緩慢抖顫的律動，帶來
悲愛永恆的樂音。

這，在遠古的以前
索孚克里斯在愛琴海聽見。

馳航在愛琴海上，誰不會想到那帶動千船萬舸的海倫來呢，海倫那個「傾城者」，那個「傾船者」！她的穿行確如女神！但我更嚮往海岸線上光影的玩味，一面水的湧動如玉石藍灰的筋絡，彷彿是海神的手臂，在那裏翻騰扎握；另一面，在靜靜的太陽褐染的沙崖邊，海鷗把翼展張，把水打起，拉動一片陽光透明的水幕。或者，是一艘鼓著帆的船，輕輕滑入岩洞環抱的海灣，沒有鳥聲，沒有浪湧的潮響，沒有海豚的水濺，浪是透青透藍，岩是鹽白和紫晶，冰涼光滑的斑岩，海水磨刻過的石塊，在靜靜的陽光中。荷馬的詩中，尤其是「奧德賽」裏，充滿著一灣又一灣，一岸又一岸的描述，都是那樣令人沉醉的光影的玩味。

然而，我們由伊絲米亞到伊士坦堡的船是現代的船，離開海岸遠遠的在海上馳行，左邊一大堆希臘的島嶼雖有些奇突，有些鹽白和紫晶色甚至隱約可見，但都離開太遠了。既然不是鼓帆的船，當然也不會一岸一岸的探索而行。剩下的愛琴海，便只有陽光和水色了。我們運氣還不錯，陽光好，水色的藍也不令人失望，龍骨濺起的水花，也掀開透明陽光的水幕和偶見的虹影。

坐在甲板上，品嚐一杯土耳其的紅茶，望入迷茫的遠海，心中一片空無和恬靜，讓數日來腦中承載的古蹟和聯想，在眼前展張的海的舞臺上一一演出，也是很舒適的。看著海，我始終不明白，荷馬詩中用「酒黑」的字眼來描寫愛琴海，古代的酒黑色，就是眼前的深藍嗎？我這樣沉吟著，當然也沒有急著要找到什麼答案。

澎然，一股藍灰筋絡的玉水打到船身上，濺起高飛的水花，下去，再濺起，形成一種永恆的律動。啊，這，這種律動必然也是荷馬時代的律動，我們不是馳行在荷馬的愛琴海的世界嗎？

就在愛琴海的搖籃幌幌的馳行裏，我不知什麼時候睡著了，夢入透青透藍的海水裏。

醒來時，一個大圓的落日把附近的崖岸傲然的身軀刻在紅絮的天邊。這時我轉向海水，一看，這不正是荷馬說的「酒黑」色嗎？是與不是。有與無。也許都不是我們眞的要追尋的東西。過去的記載，持護著我們的記憶、情感、情緒，如此堅持地慫慂我們去追尋，恐怕也不是要我們找到那可以印證的東西，而是讓我們沉入一種美的再造的追尋裏，使我們單調的生命有些色澤有些光彩。愛琴海。荷馬。酒黑。事實上始終都在那裏，在我們記憶的深處。